5 CONSIGLI PER INIZIARE

1) COME RISOLVERE LE PAROLE INTRECCIATTE

I puzzle hanno un formato classico:

- Le parole sono nascoste senza spazi o trattini,...
- Orientamento: Le parole possono essere scritte in avanti, indietro, verso l'alto, verso il basso o in diagonale (possono essere invertite).
- Le parole possono sovrapporsi o intersecarsi.

2) APPRENDIMENTO ATTIVO

Accanto ad ogni parola c'è uno spazio per scrivere la traduzione. Per incoraggiare l'apprendimento attivo, un **DIZIONARIO** alla fine di questa edizione vi permetterà di controllare e ampliare le vostre conoscenze. Cerca e scrivi le traduzioni, trovale nel puzzle e aggiungile al tuo vocabolario!

3) SEGNARE LE PAROLE

Puoi inventare il tuo sistema di segni. Forse ne usi già uno? Per esempio, puoi segnare le parole difficili da trovare con una croce, le parole preferite con una stella, le parole nuove con un triangolo, le parole rare con un diamante, e così via.

4) STRUTTURARE L'APPRENDIMENTO

Questa edizione offre un **TACCUINO** alla fine del libro. In vacanza, in viaggio o a casa, puoi organizzare facilmente le tue nuove conoscenze senza bisogno di un secondo quaderno!

5) AVETE FINITO TUTTE LE GRIGLIE?

Nelle ultime pagine di questo libro, nella sezione della **SFIDA FINALE**, troverete un gioco gratuito!

Facile e veloce! Dai un'occhiata alla nostra collezione di libri di attività per il tuo prossimo momento di divertimento e **apprendimento,** a portata di clic!

Trova la tua prossima sfida su:

BestActivityBooks.com/MioProssimoLibro

Ai vostri posti, pronti...Via!

Sapevi che ci sono circa 7.000 lingue diverse nel mondo? Le parole sono preziose.

Amiamo le lingue e abbiamo lavorato duramente per creare libri di altissima qualità. I nostri ingredienti?

Una selezione di argomenti adatti all'apprendimento, tre buone porzioni di intrattenimento, una cucchiaiata di parole difficili e una spolverata di parole rare. Li serviamo con amore e entusiasmo in modo che tu possa risolvere i migliori giochi di parole e divertirti imparando!

La vostra opinione è essenziale. Puoi partecipare attivamente al successo di questo libro lasciandoci un commento. Ci piacerebbe sapere cosa ti è piaciuto di più di questa edizione.

Ecco un link veloce alla pagina dell'ordine:

BestBooksActivity.com/Recensione50

Grazie per il vostro aiuto e buon divertimento!

Tutta la squadra

1 - Salute e Benessere #2

```
K A L O R I K E K E D M F I G
V O Y W B U F O N N U S R N E
V I T A M I N V B E G A Z F N
V T K E V J D M Q L R Y G E E
K T T I T E P P A B O G N K T
D E H Y D R E R I N G D I S I
M I T Z B C J K R O P P R J K
P D F W J A S H N I C R Æ O K
S Q R T M X A Y A J W S N N M
Q Y S W Z D S G J L N U R B C
Z Q L Q P G S I G A L H E O L
V A Q O U C A E L Y U E S V Q
S Y K D O M M N P Y T K R Y B
A N A T O M I E N L R Y A G B
F O R D Ø Y E L S E O S X P I
```

ALLERGI	HYGIENE
ANATOMI	INFEKSJON
APPETITT	SYKDOM
KALORI	MASSASJE
KROPP	ERNÆRING
DIETT	SYKEHUS
FORDØYELSE	VEKT
DEHYDRERING	BLOD
ENERGI	SUNN
GENETIKK	VITAMIN

2 - Aggettivi #2

```
R K B B K H J M V E I C W B T
C R G E Y N O R M A L Q Y T S
L E W Z S B M U S O U Y O N T
E A I E X K S I T A M A R D O
U T N Y F I R V N Y N G P J L
O I T V A A G I L R U T A N T
Q V E F U N B S V J M L U E N
Z R R Ø T S V Ø H E W A J T A
O C E S E V T T R N N S G L G
Q U S R N A N M V D S D E U E
U L S O T R J Y Ø K L S E S L
N H A A I L N Q I R E N V X E
T N N U S I H M O E E C Q Y R
Z Y T G K G W W H T K B C W N
P R O D U K T I V S A R K B A
```

SULTEN
TØRR
AUTENTISK
KREATIV
BESKRIVENDE
SØT
DRAMATISK
ELEGANT
BERØMT
STERK

INTERESSANT
NATURLIG
NORMAL
NY
STOLT
PRODUKTIV
REN
ANSVARLIG
SALT
SUNN

3 - Ingegneria

```
D  S  T  A  B  I  L  I  T  E  T  H  N  J  S
E  I  F  M  O  T  O  R  U  T  K  U  R  T  S
O  S  A  K  O  N  S  T  R  U  K  S  J  O  N
C  P  N  M  B  E  R  E  G  N  I  N  G  C  O
E  A  Y  U  E  F  R  E  M  D  R  I  F  T  E
I  K  E  D  K  T  I  X  P  E  U  U  V  K  L
G  E  J  W  S  P  E  U  O  W  L  Z  E  X  Å
R  R  P  J  Æ  X  E  R  D  I  A  G  R  A  M
E  O  X  V  V  X  M  R  K  H  W  S  Y  Z  P
N  S  T  H  T  A  C  E  Y  O  F  L  H  G  F
E  T  D  A  D  I  E  S  E  L  E  K  N  I  V
G  Y  H  Y  S  B  M  K  K  C  F  Q  Q  R  L
Z  R  W  V  B  J  M  A  S  K  I  N  P  H  B
O  K  K  C  V  D  O  N  G  C  Q  F  O  N  V
U  E  V  R  Y  P  E  N  J  G  F  J  G  U  Z
```

VINKEL
AKSER
BEREGNING
KONSTRUKSJON
DIAGRAM
DIAMETER
DIESEL
ENERGI
STYRKE
SPAKER

VÆSKE
MASKIN
MÅL
MOTOR
DYBDE
FREMDRIFT
ROTASJON
STABILITET
STRUKTUR

4 - Archeologia

```
U W O M Q K Z K G X J D F T A
N K B Y G S E R O Q P R O E N
G Y J K Y X R R U A U E S A T
W Y D E S Y B G A T W M S M I
Y Z K T N I E B R M Q M I U K
X K J F T H Q Æ E I O L O K
Z R F O R S K E R L H K T B E
M Y S T E R I U M G E R K J N
A B R Y P X X G G E K E B E Z
W N V A S Y Q V W S F T J K J
C D A T K I U T Q C I T J T D
P M R L E P M E T Q N E Q E H
T R G D Y R E L I K V I E R Q
A E J Z A S P R O F E S S O R
W O P Q N Y E O R R X O J I M
```

ANALYSE	OBJEKTER
ANTIKKEN	BEIN
KERAMIKK	PROFESSOR
GLEMT	RELIKVIE
ETTERKOMMER	FORSKER
ÆRA	UKJENT
EKSPERT	TEAM
FOSSILT	TEMPEL
MYSTERIUM	GRAV

5 - Salute e Benessere #1

```
B  F  P  Q  A  K  T  I  V  S  F  H  M  T  I
Q  E  R  D  Q  P  N  C  D  U  H  Ø  U  E  R
Z  I  H  R  K  M  N  B  G  L  K  Y  S  R  D
Q  R  U  A  C  W  C  I  R  T  Y  D  K  A  W
Z  E  N  G  N  I  N  D  L  O  H  E  L  P  F
E  T  A  V  C  D  A  P  O  T  E  K  E  I  I
H  K  A  R  E  D  L  V  A  N  E  L  R  R  D
C  A  X  U  E  G  N  I  N  P  A  L  S  V  A
B  B  B  N  O  F  T  F  N  K  H  T  N  P  V
L  E  G  E  F  M  L  B  K  G  K  N  E  R  Q
K  L  I  N  I  K  K  E  R  Q  S  U  R  I  V
M  E  D  I  S  I  N  U  K  U  G  X  V  A  E
V  N  Q  A  C  P  O  O  P  S  D  N  E  J  V
F  E  C  H  O  R  M  O  N  E  R  D  R  A  I
S  T  X  W  Q  O  I  H  M  A  L  G  I  P  U
```

VANE	MUSKLER
HØYDE	NERVER
AKTIV	HORMONER
BAKTERIE	HUD
KLINIKK	HOLDNING
SULT	REFLEKS
APOTEK	AVSLAPNING
BRUDD	TERAPI
MEDISIN	BEHANDLING
LEGE	VIRUS

6 - Aggettivi #1

```
V I T K A A M B I S I Ø S K O
I E N R E D O M I K H O A U A
Z N R I D E N T I S K Y A N B
W T O D J D X W R I S C E S S
G I T K I V U N G T I F O T O
N N S B D F N T A A T T P N L
U N C L V F U X L M O Z L E U
T A P I I S H L H O S L I R T
V L E M W L A T L R K A O I T
C M R O N E P H F A E T F S W
Q A F S S J E N E R Ø S H K U
N X E G I L R Æ N V L L M K Y
C T K N R I Q V Q Y C A Z G T
O P T A I F H N S I T N P D G
I C S L A O M E W W O G F V Q
```

AMBISIØS
AROMATISK
KUNSTNERISK
ABSOLUTT
AKTIV
ENORM
EKSOTISK
SJENERØS
UNG
STOR

IDENTISK
VIKTIG
LANGSOM
LANG
MODERNE
ÆRLIG
PERFEKT
TUNG
VERDIFULL
TYNN

7 - Geologia

```
L M R U S M K V A R T S S H K
A Z D B A I D C H H E H T H A
V E O L L N I T L N W D E S L
A K R M T E Y T O O R G I V S
J P Y R G R R C G J W A N V I
G O Z G W A H N S S P X F D U
U E R Y S L L A R O K L Z X M
R J Y D X E B A L R B A A F Y
J T P S S R H U L E Q T L T L
A Y M G I K O T L Y S S A L Å
I K W Z M R J E T Z L Y G I E
V U L K A N R E G B H R J S E
J M G P V P B L L U D C K S P
K O N T I N E N T V I A Q O M
S T A L A G M I T T E R L F E
```

SYRE
PLATÅ
KALSIUM
HULE
KONTINENT
KORALL
CRYSTAL
EROSJON
FOSSILT
GEYSIR

LAVA
MINERALER
STEIN
KVARTS
SALT
STALAGMITTER
LAG
JORDSKJELV
VULKAN

8 - Campeggio

```
H  K  T  Z  L  J  B  E  N  F  B  K  C  C  C
E  G  O  X  M  A  I  H  A  R  N  I  A  T  Q
N  T  R  M  V  K  B  S  T  L  E  T  P  R  G
G  N  O  X  P  T  E  P  U  T  A  U  T  T  T
E  T  M  I  H  A  L  K  R  I  N  N  S  J  Ø
K  B  P  Q  Q  I  S  U  E  R  T  E  P  C  E
Ø  X  I  C  E  R  J  S  B  H  Y  T  T  E  V
Y  X  M  T  N  J  E  U  K  Z  V  D  T  N  E
E  P  Y  V  B  Q  N  O  B  Y  E  A  A  Å  N
Z  G  R  R  B  R  A  N  N  T  K  I  H  M  T
T  R  Æ  R  W  K  K  A  Q  L  M  H  S  P  Y
Z  M  D  L  T  T  T  K  E  S  N  I  Y  K  R
F  J  E  L  L  J  N  V  F  K  U  S  K  O  G
S  N  E  J  O  D  Q  L  C  O  T  J  W  Q  M
B  D  B  T  D  R  G  M  S  X  Q  F  N  B  U
```

TRÆR	MORO
HENGEKØYE	SKOG
DYR	BRANN
EVENTYR	INSEKT
KOMPASS	INNSJØ
HYTTE	MÅNE
JAKT	KART
KANO	FJELL
HATT	NATUR
TAU	TELT

9 - Arti Visive

```
R P P Z S M L I F Z L L U K C
Y B O V A S E S C J B D Y E S
G H R J M U T S S V O B M R K
P D T B M X S A T F Y Z W A U
B W R A E K Q B F E I E N M L
E Y E O N N H Z L F R R E I P
F W T R S K L O N Y E V U K T
V I T K E P S R E P A L E K U
A F T K T S I T R A G N I R R
F Z I A N L E I R E T S T U K
P J R L I A R K I T E K T U R
W D K Y N P E N N N V O K S L
B D V Z G Q Z S J A B L O N G
K R E A T I V I T E T Z Y F C
F O T O G R A F I O Z F N Q N
```

ARKITEKTUR
LEIRE
ARTIST
MESTERVERK
KULL
STAFFELI
VOKS
KERAMIKK
SAMMENSETNING
KREATIVITET

FILM
FOTOGRAFI
KRITT
BLYANT
PENN
PERSPEKTIV
PORTRETT
SKULPTUR
SJABLONG
LAKK

10 - Tempo

```
Z  C  T  M  Å  C  T  Q  K  I  L  D  J  H  Q
O  R  Å  I  T  R  A  N  S  J  L  T  V  K  V
X  G  F  D  J  Å  H  P  D  F  R  K  K  B  O
K  U  I  D  C  A  H  U  A  T  O  G  O  S  E
F  B  T  A  T  W  J  J  N  V  A  P  H  O  T
Ø  S  B  G  A  D  P  T  Z  D  E  N  Å  M  T
R  F  M  S  F  K  F  Q  I  K  R  G  M  I  E
E  I  S  T  T  A  N  S  F  M  L  E  O  G  R
D  K  I  I  W  R  I  D  A  G  E  D  R  Å  B
N  A  L  D  Å  R  L  I  G  M  T  E  G  R  G
E  L  L  O  U  K  E  T  C  I  Q  L  E  G  S
L  A  F  S  K  O  D  M  R  N  J  T  N  P  T
A  B  L  B  W  K  G  E  C  U  E  D  X  P  K
K  E  Q  L  E  O  E  R  E  T  L  W  Y  O  E
L  Q  T  W  W  X  I  F  O  T  V  N  E  S  N
```

ÅR	MIDDAGSTID
ÅRLIG	MINUTT
KALENDER	NATT
TIÅR	I DAG
ETTER	TIME
FREMTID	KLOKKE
DAG	SNART
I GÅR	FØR
MORGEN	ÅRHUNDRE
MÅNED	UKE

11 - Astronomia

```
A S T R O N A U T G S S U D G
M C Y D X P K D Z A U T N N Z
O E N Å M Z Z V P L P R I R R
B S T O W C P G I A E Å V Y A
S T E E C M B R V X R L E O S
E J N U O O H Q B Y N I R Z T
R E A S I R U H L R O N S R R
V R L E M M I H W U V G F A O
A N P H C B D R O J A H H N N
T E X V W I W A K O S M O S O
O T C T F A R K E D G N Y T M
R Å L P O K S E L E T B F N E
I K L C R K H T G Q M W D F X
U E D I O R E T S A Z I T L C
M V E H C C E Q U I N O X N F
```

ASTEROIDE
ASTRONAUT
ASTRONOM
HIMMEL
KOSMOS
EQUINOX
GALAXY
TYNGDEKRAFT
MÅNE
METEOR

STJERNETÅKE
OBSERVATORIUM
PLANET
STRÅLING
RAKETT
SUPERNOVA
TELESKOP
JORD
UNIVERS

12 - Algebra

```
E  P  R  O  B  L  E  M  U  S  D  C  W  F  F
S  K  F  O  R  E  N  K  L  E  I  G  W  O  Z
I  R  S  B  R  Ø  K  D  E  L  A  O  X  R  O
R  R  D  P  W  J  A  U  A  S  G  F  I  M  P
T  C  K  Q  O  P  U  M  A  B  R  L  K  E  S
A  T  P  M  B  N  O  K  P  L  A  X  F  L  M
M  R  M  H  R  Æ  E  N  I  L  M  A  W  T  I
A  X  Y  D  X  W  X  N  L  I  G  N  I  N  G
P  A  R  E  N  T  E  S  T  O  N  K  C  L  I
F  F  V  A  R  I  A  B  E  L  I  R  K  C  L
N  A  A  N  U  M  M  E  R  B  N  X  G  L  E
U  H  L  K  N  K  Z  N  O  J  S  I  V  I  D
L  C  W  S  T  E  U  W  F  S  Ø  Y  O  P  N
L  Z  D  F  K  O  V  U  F  R  L  M  U  W  E
N  O  J  S  K  A  R  T  B  U  S  W  T  W  U
```

DIAGRAM	MATRISE
DIVISJON	NUMMER
LIGNING	PARENTES
EKSPONENT	PROBLEM
FALSK	FORENKLE
FAKTOR	LØSNING
FORMEL	SUM
BRØKDEL	SUBTRAKSJON
UENDELIG	VARIABEL
LINEÆR	NULL

13 - Mitologia

```
K  S  K  A  P  E  L  S  E  H  P  U  R  F  L
S  A  T  O  R  D  E  N  M  L  E  V  Z  R  A
K  Y  T  C  M  I  M  Y  D  A  T  V  D  V  B
A  D  L  A  V  V  Z  L  P  R  G  S  N  U  Y
P  H  E  I  S  U  L  A  J  S  E  I  L  C  R
N  D  H  T  F  T  U  F  N  M  N  P  S  Q  I
I  U  L  Y  A  Q  R  E  G  I  R  K  E  K  N
N  G  X  U  O  Q  I  O  K  U  L  T  U  R  T
G  I  F  X  P  F  Q  W  F  M  T  L  Q  Q  I
W  L  S  T  Y  R  K  E  P  E  R  E  V  M  V
L  E  S  R  Ø  F  P  P  O  B  O  G  G  B  V
U  D  Ø  D  E  L  I  G  H  E  T  E  Y  V  Q
L  Ø  M  O  N  S  T  E  R  G  D  N  T  P  S
N  D  Q  U  H  U  T  X  E  M  I  D  U  N  W
H  H  U  U  P  B  O  E  P  Y  T  E  K  R  A
```

ARKETYPE	SJALUSI
OPPFØRSEL	KRIGER
SKAPNING	UDØDELIGHET
SKAPELSE	LABYRINT
TRO	LEGENDE
KULTUR	MAGISK
KATASTROFE	DØDELIG
HELT	MONSTER
STYRKE	TORDEN
LYN	HEVN

14 - Piante

```
K M B T F H S Q L S E F O C U
R A M O R Æ B Y E G N A X L V
O H Q F T E L Ø V V E R K D S
N Q U R S A V F T I S H S W F
B Y J V U I N E C F K P U W K
L B T Q U G S I K W O Q B N H
A L M Y O Q K K K P V J Y O J
D O H A G E O K D K I L D J P
F M S S Y I G K A K T U S S H
X S Q S F S U B M A B R H A W
W T K H E S A R O L F E L T E
G J Ø D S E L O S B Ø N N E V
Q W U Q W R M T E H S Y Q G R
S S I Y H G I U W N Z V M E F
Q Y Q O S P X W P V U F Y V W
```

TRE
BÆR
BAMBUS
BOTANIKK
KAKTUS
BUSK
VOKSE
EFØY
GRESS
BØNNE

GJØDSEL
BLOMST
FLORA
LØVVERK
SKOG
HAGE
MOSE
KRONBLAD
ROT
VEGETASJON

15 - Spezie

```
S  G  U  R  K  E  M  E  I  E  L  Ø  K  D  S
E  A  S  X  J  Q  D  R  Æ  F  E  G  N  I  K
M  Z  L  P  A  P  R  I  K  A  N  Z  S  Z  A
U  J  H  T  P  E  P  P  E  R  A  X  A  Y  R
S  K  S  I  Ø  R  A  V  I  X  K  G  L  O  R
K  Y  C  G  X  S  W  F  F  C  O  Q  P  L  I
A  K  O  R  I  A  N  D  E  R  A  N  I  S  S
T  Y  L  X  G  S  S  N  K  T  M  J  U  W  A
S  P  I  S  S  K  U  M  M  E  N  P  R  H  F
N  K  B  H  R  I  V  B  O  L  S  L  W  E  R
K  A  R  D  E  M  O  M  M  E  A  Q  B  P  A
Z  O  Z  M  T  Y  I  J  S  P  A  K  F  F  N
D  H  B  Z  T  H  V  I  T  L  Ø  K  R  L  I
I  Q  L  V  I  F  E  N  N  I  K  E  L  I  Q
H  B  Z  E  B  V  A  N  I  L  J  E  Q  X  S
```

HVITLØK   SØT
BITTER   FENNIKEL
ANIS   LAKRIS
KANEL   MUSKAT
KARDEMOMME   PAPRIKA
LØK   PEPPER
KORIANDER   SALT
SPISSKUMMEN   VANILJE
GURKEMEIE   SAFRAN
KARRI   INGEFÆR

16 - Numeri

```
N  O  Q  F  J  A  F  Å  F  E  M  T  E  N  Z
I  T  H  E  J  I  D  T  T  R  E  J  O  M  W
T  R  Z  U  B  O  Q  T  Y  Z  X  Y  M  Z  U
E  E  I  F  U  T  R  E  H  X  V  Y  R  C  M
Y  T  O  Z  J  G  F  T  W  D  X  E  Q  M  I
D  T  J  H  A  G  R  Q  E  F  Y  M  G  J  X
H  E  B  F  L  S  M  Q  Y  N  U  B  Z  Z  Z
A  N  S  M  Q  K  E  R  I  F  J  K  S  N  Q
V  Y  S  R  E  E  F  K  B  G  I  R  A  N  O
W  L  A  M  I  S  E  D  S  R  S  A  D  T  M
X  L  O  M  P  Y  A  S  H  T  S  Q  D  A  Y
I  U  A  T  J  T  J  O  A  N  E  T  T  I  N
X  N  R  C  W  T  E  H  R  Y  N  N  J  Z  W
D  G  W  A  E  E  S  Q  U  E  P  P  U  Z  L
J  Q  I  F  X  N  E  T  T  A  P  X  E  V  O
```

FEM	FJORTEN
DESIMAL	FIRE
NITTEN	FEMTEN
SYTTEN	SEKSTEN
ATTEN	SEKS
TI	SYV
TOLV	TRE
TO	TRETTEN
NI	TJUE
ÅTTE	NULL

17 - Guida

```
M A W E B O M B B I L G B R N
B O C R U A O I R P O L I T I
P Y T G S F T C G E F S N B Q
P W B O S B O D F P M X T A I
B D T D R C R P P D K S J Q X
R T U T H C S N E S I L E X H
E R N R R I Y O R D U S Z R L
N A N A P A K F A R E S P N G
S N E F W U K Y G A R A S J E
E S L I T R E G N E J G T O F
L P E K K Y L U V X S X I E M
X O N K X T K H E F Y Z Q O J
V R G X X N N K I H E V X Z P
U T E H R E K K I S C O Z N S
H A S T I G H E T I O V E P S
```

BIL	MOTOR
BUSS	FOTGJENGER
BRENSEL	FARE
BREMSER	POLITI
GARASJE	SIKKERHET
GASS	VEI
ULYKKE	TRAFIKK
LISENS	TRANSPORT
KART	TUNNEL
MOTORSYKKEL	HASTIGHET

18 - I Media

```
K A T V U T L A T I G I D D O
O M N P Y P A L A N P S U O F
M B E N N H K U Y D C R T J F
M O I N O C O X Q I W W R Q E
U I J L I N L X E V A G T U N
N U B H D N S D U I V K Q H T
I U H M H E G E F D N E V T L
K R A D I O R I R T S U D N I
A K O M M E R S I E L L O S G
S N M D P I Q R O N L I N E F
J I N T E L L E K T U E L L A
O G N I R E I S N A N I F B K
N U T D A N N I N G N Y Q U T
X D L A K R E V T T E N K X A
Z A B E F L A A E W G M F J M
```

KOMMERSIELL	INDUSTRI
KOMMUNIKASJON	INTELLEKTUELL
DIGITALT	LOKAL
UTGAVE	ONLINE
UTDANNING	MENING
FAKTA	ANNONSER
FINANSIERING	OFFENTLIG
BILDER	RADIO
AVISER	NETTVERK
INDIVID	TV

19 - Forza e Gravità

```
R A B P B D Z A S E N T R U M
L S L A X T I D V W V E Z L C
M S L S N I N O J S K I R F P
A A D H I E U P D V T K E V L
G L K K I N A K E M H A G R A
N L R S O E L P R E S S N E N
E E Q W E W P I V H F R I D E
T S T D M R E H I N J F N I T
I R D Y N A M I S K P Y K T E
S E G E N S K A P E R S R Q R
M V H A S T I G H E T I I X Y
E I U T V I D E L S E K V V N
V N B E V E G E L S E K N P A
H U O P P D A G E L S E N G B
O Y J S W K L M E D G B I Z K
```

AKSER

FRIKSJON

SENTRUM

DYNAMISK

AVSTAND

UTVIDELSE

FYSIKK

INNVIRKNING

MAGNETISME

MEKANIKK

BEVEGELSE

BANE

VEKT

PLANETER

PRESS

EGENSKAPER

OPPDAGELSE

TID

UNIVERSELL

HASTIGHET

20 - Uccelli

```
C X Y X S K Y G P Q S H O Y R
G Y H I I G E L E A V Å Z G I
D Z C M D N A A L L A Z G J F
O D D V V I P U I D N F M Ø Q
P Å F U G L W I K X E Q X K K
P I K M B L Z D A M N J M P Z
M U Y J Z Y X W N M Z E L A V
G F F N V K D U E K Å M F P P
E G G Z W H F S T N C B L E I
H Q M K F A Ø W T Q N A A G N
J E V S T U R T S O Q R M Ø G
H E G R E K N K K C R Z I Y V
S Z Y O U T O U C A N K N E I
Z B O K S P N N Y O Y Z G H N
V M K F Z O S Z N C V F O N U
```

HEGRE	PAPEGØYE
AND	SPURV
ØRN	PÅFUGL
STORK	PELIKAN
SVANEN	DUE
GJØK	PINGVIN
HAUK	KYLLING
FLAMINGO	STRUTS
MÅKE	TOUCAN
GÅS	EGG

21 - Giorni e Mesi

```
D  A  Y  N  O  W  M  I  F  O  O  M  T  W  S
O  E  J  U  N  I  A  Å  A  H  O  G  M  B  E
R  T  S  U  G  U  A  V  N  K  G  L  H  M  P
A  A  F  E  C  L  T  R  B  E  A  O  V  B  T
U  K  E  D  M  G  W  H  M  T  D  P  B  N  E
N  S  C  G  H  B  P  D  A  K  E  P  J  O  M
A  Å  R  Q  U  Z  E  V  X  G  R  Z  D  V  B
J  P  T  F  Y  R  M  R  D  N  F  H  T  E  E
F  E  B  R  U  A  R  E  G  A  D  N  A  M  R
L  Ø  R  D  A  G  O  B  A  A  X  A  F  B  Q
J  U  L  I  G  T  C  O  D  X  D  S  M  E  U
O  N  S  D  A  G  L  T  N  K  T  S  X  R  Q
R  O  N  D  S  D  U  K  Ø  U  C  K  R  O  Y
A  P  R  I  L  I  Z  O  S  W  K  X  P  I  G
U  K  A  L  E  N  D  E  R  M  X  S  T  L  T
```

AUGUST	MANDAG
ÅR	TIRSDAG
APRIL	ONSDAG
KALENDER	MÅNED
DESEMBER	NOVEMBER
SØNDAG	OKTOBER
FEBRUAR	LØRDAG
JANUAR	SEPTEMBER
JUNI	UKE
JULI	FREDAG

22 - Casa

```
R  Q  V  V  I  N  D  U  G  L  O  F  T  C  H
W  Y  S  S  H  E  G  A  H  A  E  I  S  V  H
A  C  V  O  T  K  A  T  P  C  R  N  O  C  C
D  A  S  R  R  K  K  T  S  X  Z  A  K  H  L
Ø  M  V  G  T  Ø  T  V  I  P  D  H  S  G  E
R  A  R  P  X  J  B  F  E  T  E  U  N  J  R
W  I  Y  G  T  K  F  X  P  E  P  I  S  Z  E
G  U  L  V  S  E  P  M  A  L  P  R  L  J  L
G  K  R  A  N  T  G  D  R  F  E  O  M  B  K
E  D  E  Y  Q  O  K  F  Z  Q  T  M  Q  V  Ø
V  E  Y  O  L  I  G  J  E  R  D  E  J  Q  N
Z  U  X  Y  L  L  E  V  S  H  X  V  F  K  X
U  R  I  L  G  B  R  U  C  M  N  V  Z  S  Z
G  T  H  P  J  I  D  S  O  B  H  A  P  A  C
N  I  R  P  Y  B  Z  G  J  B  K  C  P  T  O
```

LOFT	LAMPE
BIBLIOTEK	VEGG
ROM	GULV
PEIS	DØR
NØKLER	GJERDE
KJØKKEN	KRAN
DUSJ	KOST
VINDU	SPEIL
GARASJE	TEPPE
HAGE	TAK

23 - Fantascienza

```
T  R  E  T  O  B  O  R  O  K  I  Y  E  R  F
E  E  M  K  S  U  G  G  R  A  J  O  K  E  U
N  K  K  O  Y  B  K  K  L  S  W  J  S  A  T
A  Ø  L  N  N  F  K  G  Y  N  A  W  T  L  U
L  B  E  V  O  M  O  T  A  M  T  V  R  I  R
P  K  K  K  J  L  Y  X  A  L  A  G  E  S  I
A  I  A  H  S  P  O  S  L  R  Z  A  M  T  S
P  N  R  R  U  P  T  G  T  Z  G  X  A  I  T
D  O  O  K  L  H  L  G  I  I  Q  L  W  S  I
K  U  C  D  L  U  I  O  X  C  S  E  O  K  S
G  C  V  X  I  L  B  O  S  E  H  K  A  F  K
V  E  R  D  E  N  N  T  F  J  U  T  O  P  I
B  R  A  N  N  E  N  S  I  P  O  T  S  Y  D
Q  E  I  G  M  M  I  S  F  M  L  N  I  T  M
F  A  N  T  A  S  T  I  S  K  C  Y  X  S  O
```

ATOM
KINO
DYSTOPI
EKSPLOSJON
EKSTREM
FANTASTISK
BRANN
FUTURISTISK
GALAXY
ILLUSJON

INNBILT
BØKER
MYSTISK
VERDEN
ORAKEL
PLANET
REALISTISK
ROBOTER
TEKNOLOGI
UTOPI

24 - Città

```
U  I  B  T  H  B  W  B  S  T  O  K  L  N  K
V  P  Q  Z  O  U  G  O  K  N  A  B  I  E  E
R  C  P  F  T  T  A  K  O  O  B  T  S  N  T
B  E  M  B  E  I  L  H  L  I  S  E  X  E  O
S  A  S  U  L  K  L  A  E  D  U  A  D  S  I
O  V  K  T  L  K  E  N  O  A  P  T  Y  S  L
M  C  Y  E  A  O  R  D  E  T  E  E  R  A  B
U  G  Z  Y  R  U  I  E  S  S  R  R  E  L  I
E  V  S  W  C  I  R  L  Z  W  M  W  H  P  B
S  R  R  R  S  A  T  A  V  K  A  U  A  Y  S
U  K  L  I  N  I  K  K  N  T  R  A  G  L  D
M  A  R  K  E  D  Q  S  Z  T  K  N  E  F  J
G  H  Y  L  T  E  T  I  S  R  E  V  I  N  U
Z  X  Z  T  A  P  O  T  E  K  D  B  K  U  F
G  L  M  O  R  T  P  V  V  F  K  U  W  L  M
```

FLYPLASSEN
BANK
BIBLIOTEK
KINO
KLINIKK
APOTEK
GALLERI
HOTELL
BOKHANDEL
MARKED

MUSEUM
BUTIKK
BAKERI
RESTAURANT
SKOLE
STADION
SUPERMARKED
TEATER
UNIVERSITET
DYREHAGE

25 - Fattoria #1

```
G E I T Z X F O N H Z B M A A
I N J A G A R F I H I I L E A
L Z U I C G B U U Q X E S S H
X E T X T E R A I P K E X E I
P U S M B Z F I K A T T Z L E
L A N D B R U K S S M K X B Z
C C N Y Ø H K C S M V Y E Y M
I M A I P J G I P J S L Y K L
J H V L A K G G K J M L W P Z
F E C G J E R D E V W I U Q J
J K B M A L R A G N I N N O H
H E S T L E F I S L V G J Q J
O K F P R U Q H S H Q C D N F
S K X I R G H W J J N P U Q R
H U N D G D I T F L O K K V Ø
```

VANN	KATT
LANDBRUK	FLOKK
BIE	GRIS
ESEL	HONNING
FELT	KU
HUND	KYLLING
GEIT	GJERDE
HEST	RIS
GJØDSEL	FRØ
HØY	KALV

26 - Psicologia

```
B  P  A  N  O  J  S  I  N  G  O  K  F  J  C
E  O  R  M  V  P  N  K  L  Q  T  S  R  Y  M
V  P  K  O  C  B  P  P  Y  F  K  I  E  A  K
I  P  G  D  B  G  Y  F  Y  C  I  N  K  G  K
S  F  M  N  G  L  N  Y  A  K  L  I  N  W  O
S  Ø  L  R  D  E  E  D  K  T  F  L  A  C  C
T  R  F  A  B  C  H  M  Q  I  N  K  T  D  G
L  S  D  B  J  I  C  L  M  V  O  I  I  J  E
Ø  E  S  L  E  L  Ø  F  U  S  K  P  N  E  Q
S  L  F  Ø  L  E  L  S  E  R  W  A  O  G  Y
Y  Y  T  E  H  G  I  L  N  O  S  R  E  P  L
E  R  F  A  R  I  N  G  E  R  R  E  E  D  I
V  I  R  K  E  L  I  G  H  E  T  T  D  K  V
V  U  R  D  E  R  I  N  G  A  V  T  A  L  E
P  Å  V  I  R  K  N  I  N  G  E  R  M  F  N
```

AVTALE	BARNDOM
KLINISK	PÅVIRKNINGER
KOGNISJON	TANKER
OPPFØRSEL	OPPFATNING
KONFLIKT	PERSONLIGHET
EGO	PROBLEM
FØLELSER	VIRKELIGHET
ERFARINGER	FØLELSE
IDEER	TERAPI
BEVISSTLØS	VURDERING

27 - Paesaggi

```
H  I  M  J  H  Y  M  C  F  R  Ø  L  F  R  B
H  A  Q  M  U  E  E  R  B  S  I  Y  R  R  A
W  E  L  O  L  N  L  L  E  J  F  B  B  K  Z
G  C  E  V  E  E  V  K  I  L  V  E  D  A  F
Q  T  Å  Y  Ø  N  E  K  R  Ø  U  A  V  M  P
G  R  S  M  D  Y  C  C  T  N  L  W  R  E  A
G  R  L  U  X  D  Q  W  N  N  K  H  F  Z  C
I  R  R  C  R  D  N  N  F  A  A  J  O  S  Z
N  M  I  E  U  N  R  A  I  W  N  I  S  U  O
O  A  S  E  V  A  V  H  R  W  D  L  S  M  V
E  P  Y  Z  I  S  V  A  X  T  W  X  D  P  K
N  J  E  W  L  A  G  V  R  R  S  T  A  I  G
A  R  G  U  A  T  U  N  D  R  A  C  B  D  P
I  S  F  J  E  L  L  I  N  N  S  J  Ø  A  U
M  L  Y  T  C  A  L  Q  F  A  G  N  O  L  B
```

FOSS	INNSJØ
ÅS	HAV
ØRKEN	FJELL
SANDDYNENE	OASE
ELV	SUMP
GEYSIR	HALVØY
ISBRE	STRAND
HULE	TUNDRA
ISFJELL	DAL
ØY	VULKAN

28 - Energia

```
C N Q Z W C S Y H M U R A O T
B X R D N I V O U V I G Z S U
Y R Æ W A K I K I Q F L Y P R
B F E M G M A V D K O W J A B
E O L N S P P S C E R E R Ø I
N R K O S V Y L K H U Y F J N
S N U T E E N E G O R D Y H M
I Y N O L O L S I P E M R A V
N B M F E M O E X Y N G O H E
N A G Q K E Y I R T S U D N I
I R E T T A B D U O I L M O K
N P F U R I P O R T N E O B L
Z C T N I W O D T M G A T R E
J B M B S D I D U A K U O A Z
N O R T K E L E Y L T X R K V
```

MILJØ

BATTERI

BENSIN

VARME

KARBON

BRENSEL

DIESEL

ELEKTRISK

ELEKTRON

ENTROPI

FOTON

HYDROGEN

INDUSTRI

FORURENSING

MOTOR

NUKLEÆR

FORNYBAR

TURBIN

DAMP

VIND

29 - Ristorante #2

```
P D X C K T K U R F T G G B O
L U N S J L A R W H T Y A K G
S F L Q V W O O Y T D Y F D E
Z T O Z F D M B K D J L F O X
Z M T G I L I E D L D S E B Y
N I S N S N J J N T S E L R J
Z D X U K I S K S A L T R E T
V D N Y P V I S D L C T X K H
A A J D T P R V G A J E K A K
N G M U Y O E Z S S G R K S A
N E X U I H O Y N M A R I N L
E P G C F D E L A I U O R N I
O Z E G K E L N E R Z F D Ø A
T Y W E W S Z J M G N U E R L
R E T Y Z T D B C L K X G G L
```

VANN	SALAT
FORRETT	SUPPE
DRIKK	FISK
KELNER	LUNSJ
MIDDAG	SALT
SKJE	STOL
DEILIG	KRYDDER
GAFFEL	KAKE
FRUKT	EGG
IS	GRØNNSAKER

30 - Moda

```
B E U O Q A O E N R E D O M S
Z L J L E T B C L D K B C Z Z
Y E O N Y C N E D E J K S E B
K K K N S F H W N D G Q M H L
Y N O M D T R Z T Y P A G B Q
P E M Ø B E O P U R R E N W O
B R F N E P R F N T Z J Q T R
P Z O S H K J R F S T I L C I
R F R T F L T E K S T U R Z G
A P T E O Æ H T R E N D Q Y I
K S A R W R E P P A N K N Y N
T C B S O F I S T I K E R T A
I R E D O R B K H B H H L N L
S H L B O U T I Q U E M X L W
K M I N I M A L I S T I S K T
```

KLÆR
BOUTIQUE
DYRT
KOMFORTABEL
ELEGANT
MINIMALISTISK
MØNSTER
MODERNE
BESKJEDEN
ORIGINAL

BLONDER
PRAKTISK
KNAPPER
BRODERI
ENKEL
SOFISTIKERT
STIL
TREND
STOFF
TEKSTUR

31 - L'Azienda

```
N V T W T E H G I L U M I N R
B Z J F Z P B N N X W G O G M
F P L O G L W A O A H H G N F
Z P Z K Y O Y G D M P I B I K
M I L I N P L M C F R Y K T E
P R E S E N T A S J O N B T I
K T O I Z G P R K S O E E E N
V S T R P V B F G E R N S S N
A U K R E A T I V G W H L L T
L D U A W L A B O L G E U E E
I N D O D V Ø I Q G W T T S K
T I O H R E D N E R T E N S T
E L R S I W F G N G C R I Y E
T X P I N N O V A T I V N S R
P R O F E S J O N E L L G O B
```

KREATIV
BESLUTNING
GLOBAL
INDUSTRI
INNOVATIV
SYSSELSETTING
MULIGHET
PRESENTASJON
PRODUKT

PROFESJONELL
FRAMGANG
KVALITET
INNTEKTER
RYKTE
RISIKO
LØNN
TRENDER
ENHETER

32 - Giardino

```
T U V N D P C V F L T A O M Z
S H J B K W L D W F E M K R Y
B L O M S T U E K P E Z S K L
U P A A G C G S N O R P P Q B
J W G D J K R S E R T E A D D
T V U I E G E A B W N Y D I O
R R O J R R S R V J I Ø E S H
R A A T D E S R Z O V K J Z E
S W K M E S C E H A G E S G C
O Y V E P S X T A C A G A T Z
B U S K K O J Q O O N N R Y N
Z W I E O C L X J O T E A K E
D D M J H G I I W J O H G S V
J O R D O F G L N C E A S G E
F R U K T H A G E E G N A L S
```

TRE
HENGEKØYE
BUSK
GRESS
UGRESS
BLOMST
FRUKTHAGE
GARASJE
HAGE
SPADE

BENK
PLEN
RAKE
GJERDE
DAM
JORD
TERRASSE
TRAMPOLINE
SLANGE
VINTREET

33 - Riscaldamento Globale

```
Q Z X R G Z G Y P M F F O G K
K F R A B Z N M O G R O P E L
S C H L G M I Y W A E R P N I
S F T R P C L J L S M S M E M
M I L J Ø A K H H S T K E R A
Y R E T A T I B A H I E R A O
V T S M T F V V Q G D R K S J
Y S I X A N T M E P T I S J P
V U R H D L U K H Å Y N O O O
Q D K R E G J E R I N G M N E
G N I N V I G V O L W J H E N
J I A R K T I S K Y W E E R E
K O N S E K V E N S E R T R R
I N T E R N A S J O N A L H G
T E M P E R A T U R E R A N I
```

MILJØ
ARKTISK
OPPMERKSOMHET
KLIMA
KONSEKVENSER
KRISE
DATA
ENERGI
FREMTID
GASS

GENERASJONER
REGJERING
HABITATER
INDUSTRI
INTERNASJONAL
LOVGIVNING
NÅ
FORSKER
UTVIKLING
TEMPERATURER

34 - Frutta

```
F  E  R  S  K  E  N  A  N  A  B  B  C  Q  J
A  R  D  U  O  O  N  G  A  V  O  K  A  D  O
U  O  R  A  N  S  J  E  Y  Y  M  U  O  G  Z
S  J  Æ  Æ  D  B  W  I  A  P  L  O  M  M  E
I  K  B  N  B  R  K  A  P  N  T  G  T  M  F
T  C  E  N  R  E  U  S  A  N  A  N  A  P  L
R  R  G  C  G  R  N  E  P  J  Q  A  M  S  M
O  U  N  E  P  L  E  R  Æ  B  S  M  D  J  S
N  Z  I  Q  M  A  O  T  Ø  Y  R  K  W  R  V
B  L  R  G  J  I  N  G  W  J  I  I  M  I  S
N  X  B  A  P  R  I  K  O  S  B  W  I  Y  H
K  I  R  S  E  B  Æ  R  K  P  R  I  Q  M  S
P  O  Z  P  U  E  Y  W  M  W  M  I  C  X  U
N  E  K  T  A  R  I  N  I  N  V  S  B  C  Y
M  E  L  O  N  P  Æ  R  E  M  Z  I  S  C  P
```

APRIKOS	MANGO
ANANAS	EPLE
ORANSJE	MELON
AVOKADO	BJØRNEBÆR
BÆR	NEKTARIN
BANAN	PAPAYA
KIRSEBÆR	PÆRE
KIWI	FERSKEN
BRINGEBÆR	PLOMME
SITRON	DRUE

35 - Fattoria #2

```
I  H  R  I  F  R  C  I  A  U  K  J  M  H  L
L  X  O  N  P  R  Y  D  B  H  P  W  H  W  A
M  H  G  U  P  P  U  V  A  N  N  I  N  G  M
H  E  B  U  K  I  B  K  O  Q  Y  C  E  E  A
B  D  L  K  P  L  A  V  T  Z  E  T  D  K  B
Y  R  L  K  L  A  M  Q  Y  H  X  A  O  S  X
G  Y  Å  D  M  B  N  A  I  I  A  A  M  R  L
G  H  V  A  H  A  J  N  B  M  F  G  P  Z  H
E  R  E  Q  G  U  T  D  M  H  R  D  E  I  H
X  G  D  P  L  K  O  R  N  S  U  F  Q  P  V
J  F  N  V  E  R  T  K  K  A  K  Q  W  W  E
O  R  O  T  K  A  R  T  V  U  T  D  Y  U  T
O  N  B  F  H  V  E  V  I  E  V  Y  A  C  E
F  I  A  G  F  H  N  X  B  I  U  A  I  N  Y
D  U  M  J  N  F  G  T  B  F  C  A  N  I  L
```

LAM	VANNING
BONDE	LAMA
BIKUBE	MELK
AND	KORN
DYR	MODEN
MAT	BYGG
LÅVE	HYRDE
FRUKT	SAU
FRUKTHAGE	ENG
HVETE	TRAKTOR

36 - Verdure

```
S E L L E R I R E D D I K I Y
B M A Z J R V N Z U B P N N A
R U I A E R J M V B A G W G K
O W T A N I P S W W M R B E K
K H H V I T L Ø K A P E F F O
K J H H G T B P R O E S W Æ J
O P R P R J I U U A R S E R S
L C C L E Y R G G X S K W R I
I V C A B T O M A T I A Z J T
R Q B H U A U K S O L R X S R
L R B O A L Y Z O R L P N C A
Q C Z L U A A K B L E S E S V
Q H M Y Ø S B G X U D O P H U
P O T E T K Q K K G V P E I B
S J A L O T T L Ø K F P V I U
```

HVITLØK

BROKKOLI

ARTISJOKK

GULROT

AGURK

LØK

SOPP

SALAT

AUBERGINE

POTET

ERT

TOMAT

PERSILLE

NEPE

REDDIK

SJALOTTLØK

SELLERI

SPINAT

INGEFÆR

GRESSKAR

37 - Musica

```
T D E T D W M D F Z Y V K H I
N C Z O T Z C E G N Y S L A N
E D A L L A B Y L F B A A R N
M U S I K A L S K O U E S M S
U Z I H S R Y P K P D W S O P
R Q E U I E V O K A L I I N I
T A C E R P I X W N E I S I L
S S L O Y O G D N R M C K S L
N I A B L C E I O Y N L K K I
I M F N U M C W F T K V V S N
F Q M K G M I N O M R A H V G
R Q Y P Q E C R R E K I S U M
X K Y R Y C R O K S I M T Y R
O P O E T I S K I T Y E L C I
R B Z Q Z X E K M S I S E E K
```

ALBUM	MIKROFON
HARMONI	MUSIKALSK
HARMONISK	MUSIKER
BALLADE	OPERA
SANGER	POETISK
SYNGE	INNSPILLING
KLASSISK	RYTMISK
KOR	RYTME
LYRISK	INSTRUMENT
MELODI	VOKAL

38 - Barbecue

```
D T O M L F H S F Y Q U G N G
B J A U L R A P K R E V I N K
F H F X D M U I K C U B F T Ø
G R I L L E D L U W X K J G L
P X K F G N I L L Y K H T A M
G E S I N V I T A S J O N D S
K I P M F V A R M T L S D D O
K L Y P C G Z E J L U A E I M
I I V V E X L T T U N U G M M
S M T M U R J A L S S S K J E
U A C Q X J T M Z U J N R S R
M F L E Z P P O S A L A T E R
A H D T L P X T G Z P Y N J G
Y J Q O U H H P L Z R M W K Y
U L O B J T K Y E I P V G M S
```

VARMT
MIDDAG
MAT
LØK
KNIVER
SOMMER
SULT
FAMILIE
FRUKT
SPILL

GRILLE
SALATER
INVITASJON
MUSIKK
PEPPER
KYLLING
TOMATER
LUNSJ
SALT
SAUS

39 - Fisica

```
K  U  P  E  B  M  N  U  V  I  T  E  U  H  N
Q  T  L  E  B  A  I  R  A  V  Y  L  N  A  U
L  V  R  S  G  G  V  M  N  Z  N  E  I  S  K
R  I  M  E  I  N  K  F  H  F  G  K  V  T  L
J  D  Z  C  A  E  G  A  S  S  D  T  E  I  E
H  E  N  O  N  T  N  M  O  Q  E  R  R  G  Æ
E  L  T  E  Y  I  I  R  A  O  K  O  S  H  R
S  S  Q  J  Z  S  D  T  K  O  R  N  E  E  F
N  E  U  S  B  M  N  F  E  B  A  K  L  T  O
E  A  U  O  K  E  S  Y  X  H  F  I  L  N  R
V  P  A  R  T  I  K  K  E  L  T  C  O  V  M
K  J  E  M  I  S  K  A  K  M  O  T  O  R  E
E  M  O  L  E  K  Y  L  T  X  R  I  E  Y  L
R  C  R  K  B  N  O  O  B  O  M  E  D  T  R
F  M  E  K  A  N  I  K  K  J  M  W  T  O  P
```

ATOM
KAOS
KJEMISK
TETTHET
ELEKTRON
UTVIDELSE
FORMEL
FREKVENS
GASS
TYNGDEKRAFT

MAGNETISME
MEKANIKK
MOLEKYL
MOTOR
NUKLEÆR
PARTIKKEL
UNIVERSELL
VARIABEL
HASTIGHET

40 - Agronomia

```
P Q D Y H F Ø P K A E X Q H L
R R A L T S K E V Z K J F G A
O L D W A S O A D Y X Y O M N
D T W V L H L Y V P J R R C D
U J O R D V O W H I M E S S B
K V O A M W G Q P V E R K Y R
S F R Ø X D I G R E N E N K U
J M K H G J Ø D S E L D I D K
O T S H V V X Y X M Y U N O M
N S I J J U A Z N N W T G M I
L A N D L I G M D G O S N M L
I X A S P E L A A V A N N E J
G F G P X R E M E T S Y S R Ø
F O R U R E N S I N G Q B W T
W T O E R O S J O N B E W P I
```

VANN	SYKDOMMER
LANDBRUK	ORGANISK
MILJØ	PRODUKSJON
MAT	FORSKNING
VEKST	LANDLIG
ØKOLOGI	FRØ
ENERGI	SYSTEMER
EROSJON	STUDERE
GJØDSEL	JORD
FORURENSING	

41 - Erboristeria

```
M O A U U T J E T N Y M U C O
M A R J O R A M S V D D M H R
L A V E N D E L F T P R J I E
B K V A L I T E T O R H G B G
N A I M I T H A G E W A M P A
A X S N E I D E R G N I G N N
Y K S I R A N I L U K T R O O
F R Q X L B B B L O M S T Q N
H E E L L I S R E P M B C N I
V E N A I E K R Q E S B G A R
I P N N D K F U J V Q K K R A
T R Ø R I T Q G M R K K K F M
L R R F X K S I T A M O R A S
Ø B G F H H E R C G H D R S O
K T R C W D A L Y B O K L F R
```

HVITLØK	LAVENDEL
DILL	MARJORAM
AROMATISK	MYNTE
BASILIKUM	OREGANO
KULINARISK	PERSILLE
ESTRAGON	KVALITET
FENNIKEL	ROSMARIN
BLOMST	TIMIAN
HAGE	GRØNN
INGREDIENS	SAFRAN

42 - Danza

```
K  B  P  S  J  X  K  V  N  J  N  G  E  S  M
U  Y  C  G  A  K  A  D  E  M  I  I  B  Z  Z
N  T  E  S  L  E  L  Ø  F  D  J  F  H  H  A
S  F  X  U  J  G  L  U  S  T  Å  I  I  O  E
T  Z  H  G  I  L  E  D  E  L  G  N  I  V  Ø
M  K  O  I  F  A  R  G  O  E  R  O  K  K  F
Q  P  P  O  R  K  U  R  W  F  Z  A  B  L  E
B  V  P  O  E  M  T  Y  R  E  O  B  M  A  S
R  N  E  F  H  O  L  D  N  I  N  G  D  S  L
Z  P  K  K  I  S  U  M  G  K  S  R  K  S  E
S  L  L  U  F  S  K  K  Y  R  T  T  U  I  G
T  R  A  D  I  S  J  O  N  E  L  L  A  S  E
H  A  E  O  I  V  I  S  U  E  L  L  O  K  V
X  O  L  Q  H  X  K  U  L  T  U  R  V  H  E
X  K  F  C  K  F  B  M  V  H  F  V  N  Y  B
```

AKADEMI	GLEDELIG
KUNST	NÅDE
KLASSISK	BEVEGELSE
SAMBOER	MUSIKK
KOREOGRAFI	HOLDNING
KROPP	ØVING
KULTUR	RYTME
KULTURELL	HOPPE
FØLELSE	TRADISJONELL
UTTRYKKSFULL	VISUELL

43 - Biologia

```
U  Q  T  F  L  A  A  G  K  N  M  B  S  N  E
U  O  N  C  Z  C  B  B  O  O  B  A  M  A  V
D  S  Q  V  R  Y  W  N  L  J  V  K  O  T  O
M  E  H  Q  E  J  F  K  L  S  R  T  S  U  L
K  S  Z  K  O  S  X  F  A  A  E  E  Y  R  U
H  O  R  M  O  N  E  N  G  T  P  R  M  L  S
E  M  B  R  Y  O  F  T  E  U  T  I  B  I  J
E  S  P  A  N  Y  S  X  N  M  I  E  I  G  O
M  O  S  O  M  O  R  K  O  Y  L  I  O  Z  N
N  I  E  T  O  R  P  Z  R  Z  S  M  S  S  S
O  E  C  E  Y  F  C  V  V  N  V  O  E  A  Z
I  Y  R  E  K  B  E  S  E  E  C  T  T  M  Q
F  B  X  V  L  E  U  L  N  Z  G  A  X  O  V
C  C  D  Q  E  L  G  J  R  H  R  N  Q  F  F
F  G  A  R  Y  D  E  T  T  A  P  A  T  J  C
```

ANATOMI	MUTASJON
BAKTERIE	NATURLIG
CELLE	NERVE
KOLLAGEN	NEVRON
KROMOSOM	HORMON
EMBRYO	OSMOSE
ENZYM	PROTEIN
EVOLUSJON	REPTIL
FOTOSYNTESE	SYMBIOSE
PATTEDYR	SYNAPSE

44 - Attività Commerciale

```
B U D S J E T T D Q L B I B P
P G A Y S K R S A E T K M W E
O N Y A B Z E T A N T Q O S H
L I R A B A T T P L H S N C A
R R X E K S I I D I G J O L N
S E L S K A P F A B R I K K D
V T B F P G F O K P P K Ø A E
A S U P L O I R O E X A R N L
L E T R M E N P N N M R Z S S
U V I K E F A B T G C R J A V
T N K I E B N W O E D I F T A
A I K T I T S C R R W E S T R
Z H K Z E G N N D X K R C Y E
N O J S K A S N A R T E U X R
A R B E I D S G I V E R K W E
```

BUDSJETT
KARRIERE
KOSTE
ARBEIDSGIVER
ANSATT
ØKONOMI
FABRIKK
FINANS
INVESTERING
HANDELSVARER

BUTIKK
PROFITT
INNTEKT
RABATT
SELSKAP
PENGER
TRANSAKSJON
KONTOR
VALUTA
SALG

45 - Fiori

```
S Z L N H Y C Y K V N B V W Z
H O Z I K F C B O F J A A C Q
P M L M L L A D A B H D L W R
Å Q T S A L Ø Q Y S G S M B H
S D D A I Z A V Y K M O U T L
K H R J L K F U E Z H Y E E K
E I O S O E K A I R E M U L P
L B S Y N U Y E B U K E T T P
I I E N G K R O N B L A D B E
L S Q É A I N E D R A G O D O
J K T D M L A V E N D E L G N
E U L I L J E T U B C I X M D
U S Z K T U L I P A N R W C P
S D Y R F N E S U T Q Z C D G
T S M O L B S N O J S A P C B
```

GARDENIA	PÅSKELILJE
SJASMIN	ORKIDÉ
LILJE	VALMUE
SOLSIKKE	PASJONSBLOMST
HIBISKUS	PEON
LAVENDEL	KRONBLAD
LILLA	PLUMERIA
MAGNOLIA	ROSE
TUSENFRYD	KLØVER
BUKETT	TULIPAN

46 - Filantropia

```
J  V  M  M  G  K  S  A  M  F  U  N  N  E  T
R  E  S  E  I  L  N  Æ  R  L  I  G  H  E  T
P  L  Q  N  L  O  O  X  N  P  T  O  Y  R  E
G  D  L  N  T  F  J  B  P  S  G  T  H  E  O
G  E  C  E  N  G  S  B  A  N  R  A  B  A  F
A  D  L  S  E  P  I  B  T  L  U  W  V  Z  I
V  I  P  K  F  W  M  T  G  Å  P  W  K  Q  N
M  G  H  E  F  I  X  R  M  M  P  G  V  R  A
I  H  I  H  O  U  R  E  Y  B  E  E  M  R  N
L  E  S  E  N  G  G  N  T  A  R  K  Q  M  S
D  T  T  T  M  O  D  G  N  U  E  S  B  C  I
H  D  O  X  I  C  R  E  T  K  A  T  N  O  K
E  W  R  E  G  N  I  R  D  R  O  F  T  U  B
T  C  I  M  I  D  L  E  R  O  Z  F  Z  M  T
W  R  E  M  M  A  R  G  O  R  P  Z  S  Y  B
```

BARN
TRENGE
VELDEDIGHET
SAMFUNNET
KONTAKTER
FINANS
MIDLER
GAVMILDHET
UNGDOM
GLOBAL

GRUPPER
MISJON
MÅL
ÆRLIGHET
FOLK
PROGRAMMER
OFFENTLIG
UTFORDRINGER
HISTORIE
MENNESKEHET

47 - Ecologia

```
I  K  F  R  I  V  I  L  L  I  G  E  R  R  V
S  L  A  B  O  L  G  N  N  G  W  Q  Q  E  E
A  I  T  Ø  R  K  E  S  N  Q  Q  L  U  S  G
O  M  M  Q  P  X  Q  W  U  T  H  K  E  S  E
V  A  R  O  L  F  L  F  F  H  G  O  C  U  T
E  D  L  O  F  G  N  A  M  J  Y  S  G  R  A
R  P  N  U  P  I  E  U  A  A  E  H  J  S  S
L  L  B  H  M  L  F  N  S  G  W  L  L  E  J
E  A  K  I  K  R  D  A  I  X  A  Z  L  R  O
V  N  Q  B  O  U  B  G  P  R  U  X  S  V  N
E  T  L  E  A  T  H  D  Q  G  A  C  N  S  C
L  E  N  B  H  A  T  K  F  S  P  M  N  E  P
S  R  U  T  A  N  J  F  S  B  K  B  Y  L  I
E  K  U  X  H  A  B  I  T  A  T  R  A  R  I
Z  E  B  Æ  R  E  K  R  A  F  T  I  G  W  V
```

KLIMA	NATURLIG
SAMFUNN	MYR
MANGFOLD	PLANTER
FAUNA	RESSURSER
FLORA	TØRKE
GLOBAL	OVERLEVELSE
HABITAT	BÆREKRAFTIG
MARINE	ART
FJELL	VEGETASJON
NATUR	FRIVILLIGE

48 - Discipline Scientifiche

```
D  K  K  I  T  S  I  V  G  N  I  L  S  A  Ø
K  N  Z  G  M  Z  K  C  B  W  G  V  O  R  K
B  U  X  O  O  E  P  M  T  Y  O  N  S  K  O
X  A  W  L  C  Z  J  O  G  N  L  E  I  E  L
Q  S  O  A  R  R  J  K  A  X  O  V  O  O  O
T  T  W  R  N  Q  X  I  F  B  N  R  L  L  G
F  R  M  E  K  A  N  I  K  K  U  O  O  O  I
Y  O  K  N  C  B  Q  W  G  W  M  L  G  G  R
S  N  K  I  G  O  L  O  E  G  M  O  I  I  I
I  O  I  M  M  I  C  Z  K  Z  I  G  S  S  P
O  M  N  B  I  O  K  J  E  M  I  I  W  S  T
L  I  A  N  A  T  O  M  I  G  O  L  O  I  B
O  P  T  M  E  T  E  O  R  O  L  O  G  I  J
G  C  O  E  Z  O  O  L  O  G  I  I  J  L  Z
I  P  B  P  S  Y  K  O  L  O  G  I  H  N  Z
```

ANATOMI
ARKEOLOGI
ASTRONOMI
BIOKJEMI
BIOLOGI
BOTANIKK
KJEMI
ØKOLOGI
FYSIOLOGI
GEOLOGI

IMMUNOLOGI
LINGVISTIKK
MEKANIKK
METEOROLOGI
MINERALOGI
NEVROLOGI
PSYKOLOGI
SOSIOLOGI
ZOOLOGI

49 - Scienza

```
H P T L M T T M H O R X M E E
F Y A K A M I L K W E N E V K
O Z P R R B Q U C D L N T O S
S J M O T A O L V A Y O O L P
S X N Z T I U R Z T K J D U E
I I B N C E K I A A E S E S R
L K N N Z U S L G T L A I J I
T S K R O D U E E S O V K O M
M I N E R A L E R R M R K N E
U M W K D C C A N Y N E I R N
T E M S I N A G R O A S S U T
K J Q R H F M X O A T B Y I M
A K S O I W L I R J U O F O F
F G E F A U O D C X R F X Q O
T Y N G D E K R A F T H X U Y
```

ATOM
KJEMISK
KLIMA
DATA
EKSPERIMENT
EVOLUSJON
FAKTUM
FYSIKK
FOSSILT
TYNGDEKRAFT

HYPOTESE
LABORATORIUM
METODE
MINERALER
MOLEKYLER
NATUR
ORGANISME
OBSERVASJON
PARTIKLER
FORSKER

50 - Imbarcazioni

```
T A N R Z E E L V A H M B G I
F N N A M Ø J S E T R A K Z Y
B K K I B D G L B E J R E F T
C E P A K S N N A M R I Y J I
D R M X N N A V E D I T Ø B I
V D Q A S O R V J W A I B Ø C
L U Ø J S N N I B M X M Z L T
A N B U P T N A U T I S K G N
B O G C E Å K A J A K K D E R
S X C H A B S F H H B Q V R L
C J E T Å L F X A Y P H B T I
C G Y V V I Q K X F R F O O H
E C N N L E S T M O T O R B J
S O T Q J S G G A Q K U R U W
K V Y A C H T G G U L G J C U
```

MAST	HAV
ANKER	TIDEVANN
SEILBÅT	SJØMANN
BØYE	MARITIM
KANO	MOTOR
TAU	NAUTISK
MANNSKAP	BØLGER
ELV	FERJE
KAJAKK	YACHT
INNSJØ	FLÅTE

51 - Chimica

```
J  S  R  F  L  F  P  M  F  G  V  U  V  W  V
H  A  O  H  Y  D  R  O  G  E  N  A  J  F  E
Q  L  T  K  K  B  O  T  G  Z  S  L  R  T  K
N  T  A  S  S  F  C  A  S  M  N  K  L  M  T
T  T  S  I  I  Y  I  C  V  Y  O  C  U  D  E
U  E  Y  N  L  A  G  N  O  B  R  A  K  H  P
X  M  L  A  A  L  D  E  U  G  T  E  N  B  O
E  P  A  G  K  E  B  K  N  K  K  K  L  O  R
N  E  T  R  L  M  Z  S  R  Æ  E  L  K  U  N
Z  R  A  O  A  O  T  Æ  M  G  L  I  O  N  C
Y  A  K  C  G  L  W  V  G  G  E  P  M  W  M
M  T  F  X  Y  E  C  K  A  K  T  B  E  K  K
Z  U  T  N  Z  K  C  F  S  F  Y  W  K  E  V
X  R  Q  D  C  Y  P  A  S  T  A  F  B  E  I
H  S  R  L  I  L  S  G  U  K  C  R  I  X  R
```

SYRE	HYDROGEN
ALKALISK	ION
ATOM	VÆSKE
VARME	MOLEKYL
KARBON	NUKLEÆR
KATALYSATOR	ORGANISK
KLOR	OKSYGEN
ELEKTRON	VEKT
ENZYM	SALT
GASS	TEMPERATUR

52 - Api

```
R M E T S Y S O K Ø T O M B K
F J P H A V U L B I I V A I B
N W D B S J E Q L N V N T K L
H C O R D G Z R R S Y S Y U O
A O Z I X L I E M E T I K B M
C S N J K Z E G B K A D I E S
S O L N P J P N Z T T L L B T
J X P J I O X I P Y I O T P E
T P Y I P N L V I G B F Q L R
L K R B Y G G L F H A G E A S
V U C F R U K T E Y H N C N I
B L O M S T R E I N Q A Z T R
I E A J T U Y M Z V C M W E Ø
Z L T C C V O K S I C D Z R Y
G U N S T I G N I N N O R D K
```

VINGER	RØYK
BIKUBE	HAGE
GUNSTIG	HABITAT
VOKS	INSEKT
MAT	HONNING
MANGFOLD	PLANTER
ØKOSYSTEM	POLLEN
BLOMSTER	DRONNING
BLOMSTRE	SVERM
FRUKT	SOL

53 - Strumenti Musicali

```
W  D  I  K  A  F  G  E  X  S  O  N  P  U  V
K  P  W  I  U  L  I  F  D  T  S  B  E  Z  I
O  H  H  B  O  Ø  T  Q  G  R  A  K  R  W  G
J  T  D  E  K  Y  A  N  O  F  O  S  K  A  S
T  O  Y  F  H  T  R  A  E  I  Q  U  U  B  F
W  M  L  M  F  E  K  O  W  P  D  U  S  M  C
F  I  O  L  I  N  Y  L  G  N  O  G  J  I  Q
Z  T  P  L  V  M  E  L  A  I  N  A  O  R  P
T  R  F  I  P  A  N  E  P  R  A  H  N  A  L
R  O  K  P  M  N  O  C  K  U  I  R  W  M  I
O  M  S  S  C  D  B  H  C  B  P  N  O  B  O
M  P  D  N  Q  O  M  I  J  M  R  O  E  G  O
M  E  J  N  Y  L  O  J  N  A  B  U  A  T  H
E  T  J  U  M  I  R  Y  Q  T  C  M  W  X  T
S  D  T  M  S  N  T  T  O  G  A  F  B  C  E
```

MUNNSPILL	OBO
HARPE	PERKUSJON
BANJO	PIANO
GITAR	SAKSOFON
KLARINETT	TAMBURIN
FAGOTT	TROMME
FLØYTE	TROMPET
GONG	TROMBONE
MANDOLIN	FIOLIN
MARIMBA	CELLO

54 - Professioni #2

```
J O U R N A L I S T S K Z T E
F A V C E A M K L E A I O A M
A F B Y R L K O I I T R O N E
C A K F X Z A L N M V U L N F
Z I X G F B C M G L A R O L I
G A R T N E R L V L E G G E L
F O R S K E R L I Æ L G E G O
C A L J X E N G S R M X E E S
S U D O P W F W T E S N T B O
U K K V I I E F A R G O T O F
K V V K T B A S T R O N A U T
E T T E R F O R S K E R H H A
W O P P F I N N E R P I L O T
W B I B L I O T E K A R C B O
I N G E N I Ø R S E W C G N G
```

ASTRONAUT
BIBLIOTEKAR
BIOLOG
KIRURG
TANNLEGE
FILOSOF
FOTOGRAF
GARTNER
JOURNALIST
INGENIØR

LÆRER
OPPFINNER
ETTERFORSKER
LINGVIST
LEGE
PILOT
MALER
FORSKER
ZOOLOG

55 - Letteratura

```
I  Z  G  E  T  O  D  K  E  N  A  R  M  K  B
L  S  K  S  I  T  E  O  P  M  W  M  J  O  E
L  A  G  Y  T  R  A  G  E  D  I  E  C  N  S
C  J  V  L  I  T  S  S  B  C  N  A  H  K  K
M  E  T  A  F  O  R  M  E  N  I  N  G  L  R
E  F  E  N  T  Q  X  B  Z  O  S  E  F  U  I
A  Q  L  A  M  E  T  I  A  D  T  K  O  S  V
A  N  A  L  O  G  I  O  D  I  K  T  R  J  E
S  D  I  A  L  O  G  G  H  P  S  I  F  O  L
R  J  U  P  G  B  W  R  M  U  T  R  A  N  S
T  I  A  J  X  Z  C  A  R  B  R  H  T  G  E
T  P  M  N  K  K  J  F  G  O  G  F  T  U  M
L  R  L  U  G  K  R  I  N  R  M  M  E  J  T
R  X  F  E  F  E  T  I  E  Z  O  A  R  J  Y
Q  B  F  T  E  E  R  K  O  D  W  M  N  N  R
```

ANALYSE	MENING
ANALOGI	DIKT
ANEKDOTE	POETISK
FORFATTER	RIM
BIOGRAFI	RYTME
KONKLUSJON	ROMAN
BESKRIVELSE	STIL
DIALOG	TEMA
SJANGER	TRAGEDIE
METAFOR	

56 - Cibo #2

```
R E N Q D G X O U R J G U G Q
U Y E M L C W D M B Q T Q L K
K W S T R W A R B R Ø D C S Y
S I R W K M U T E A Y N K P Z
I E R V V Y V U H B T V L P A
F G K S B H L E P M R S O P P
Y G P S E D A L O K O J S B T
D R L W B B E N I G R E B U A
E R R K R B Æ K W N O Y P I M
J G U X O O D R I N G P T X O
D Z E E K K F A K B A N A N T
O D Z L K S K I N K E T E V H
E W N P O O S T R U H G O Y D
O I R E L L E S D J C E A D F
F E U S I O Y G F X H W R U Z
```

BANAN   BRØD
BROKKOLI   FISK
KIRSEBÆR   KYLLING
SJOKOLADE   TOMAT
OST   SKINKE
SOPP   RIS
HVETE   SELLERI
KIWI   EGG
EPLE   DRUE
AUBERGINE   YOGHURT

57 - Nutrizione

```
K  S  W  P  K  D  X  H  K  D  O  H  O  K  N
G  R  A  O  U  I  R  E  K  S  Æ  V  U  V  Æ
I  J  Y  U  Q  E  X  S  T  V  G  S  B  A  R
L  T  Æ  D  S  T  J  L  D  I  B  P  I  L  I
P  M  S  R  D  T  H  E  W  T  X  I  T  I  N
P  A  X  J  I  E  V  Y  H  A  P  S  T  T  G
W  H  V  M  T  N  R  Ø  F  M  R  E  E  E  S
K  M  D  N  L  X  G  D  C  I  O  L  R  T  S
B  A  L  A  N  S  E  R  T  N  T  I  E  K  T
K  B  K  Z  D  I  H  O  V  B  E  G  I  U  O
F  Z  S  D  Y  V  B  F  E  J  I  W  R  F  F
A  P  P  E  T  I  T  T  K  S  N  L  O  Q  F
R  X  I  D  F  H  O  E  T  U  E  S  L  E  H
I  Z  B  L  I  C  Z  Y  L  N  R  W  A  Z  M
A  A  P  O  G  F  P  S  K  N  C  I  K  Y  S
```

BITTER	VEKT
APPETITT	PROTEINER
BALANSERT	KVALITET
KALORIER	SAUS
SPISELIG	HELSE
DIETT	SUNN
FORDØYELSE	KRYDDER
GJÆRING	GIFT
VÆSKER	VITAMIN
NÆRINGSSTOFF	

58 - Matematica

```
V D P E I P E K S P O N E N T
G I E I E K A T R E K A N T I
L M N S S U M R E T E M A I D
V R J K I L Q G A P R I S A O
T X C R L M Y Y I L I R C J D
N Q T L R E A U V B L T F C I
L V F X T L R L Y P K E D X V
L I G N I N G V A F C M L M I
Q Z M N O G Y L O P G M Z L S
I R T E M O E G A G H Y V J J
F L E D K Ø R B B A R S O B O
V J W J R S F Æ R E T X L M N
N P E L E G N A T K E R U A J
K O X E T E G R O T Y H M N I
X E N E S U I D A R M L J I I
```

VINKLER
DESIMAL
DIAMETER
DIVISJON
LIGNING
EKSPONENT
BRØKDEL
GEOMETRI
PARALLELL
OMKRETS

POLYGON
TORGET
RADIUS
REKTANGEL
SFÆRE
SYMMETRI
SUM
TREKANT
VOLUM

59 - Meditazione

```
T  Y  X  V  E  S  K  V  Z  Z  H  B  D  O  B
E  A  M  I  B  Q  I  W  B  O  H  E  U  P  F
H  S  K  T  M  F  Q  N  C  T  C  V  P  P  R
G  T  I  K  G  B  R  R  N  P  V  E  U  M  E
I  I  S  E  N  T  A  N  K  E  R  G  S  E  D
L  L  Y  P  I  E  Y  F  L  S  U  E  T  R  G
N  L  Q  S  N  J  M  Q  U  K  T  L  E  K  M
N  H  Q  R  D  U  X  L  K  A  A  S  N  S  E
E  E  M  E  L  M  S  D  I  D  N  E  A  O  N
V  T  J  P  O  S  U  D  T  G  A  B  D  M  T
S  B  T  G  H  O  H  S  U  Z  H  B  Y  H  A
K  L  A  R  H  E  T  O  I  A  R  E  I  E  L
F  Ø  L  E  L  S  E  R  X  K  Q  O  T  T  Q
D  O  J  R  O  L  I  G  X  Z  K  S  V  X  R
M  E  D  F  Ø  L  E  L  S  E  G  W  P  O  S
```

AKSEPT
OPPMERKSOMHET
ROLIG
KLARHET
MEDFØLELSE
FØLELSER
VENNLIGHET
TAKKNEMLIGHET
MENTAL
SINN

BEVEGELSE
MUSIKK
NATUR
FRED
TANKER
HOLDNING
PERSPEKTIV
PUSTE
STILLHET

60 - Elettricità

```
S T I K K O N T A K T Z I U O
M A G N E T C B L Y N S M B T
D U I X D M U S A K C U G W T
G M Z E K B K S I R T K E L E
B I N S N V O I O Y V C N K R
J A R E L R E K I R T K E L E
R Y T O G N I R G A L R R A T
X J C T M A M E N G D E A S K
X Z K P E D T W C P S V T E E
E D G P Æ R E I A O W T O R J
K A B E L R I Z V S N T R Z B
U T S T Y R E E G I F E X N O
L E D N I N G E R T U N A R P
T E L E F O N N B I S F K R J
N E L M B O Q I L V L A M P E
```

UTSTYR	LASER
BATTERI	MAGNET
KABEL	NEGATIV
LAGRING	OBJEKTER
ELEKTRIKER	POSITIV
ELEKTRISK	STIKKONTAKT
LEDNINGER	MENGDE
GENERATOR	NETTVERK
LAMPE	TELEFON
PÆRE	TV

61 - Antiquariato

```
T  I  L  S  T  A  N  D  S  Y  U  C  L  D  A
E  R  D  N  U  H  R  Å  K  N  V  J  C  C  J
T  H  A  A  Z  O  Z  G  U  H  A  B  G  R  T
I  Y  H  U  E  S  V  N  L  G  N  B  A  S  E
L  R  E  T  N  Y  M  I  P  X  L  M  L  M  Y
A  P  Q  E  O  V  R  R  T  R  I  X  L  X  N
V  R  X  N  J  W  G  E  U  A  G  Q  E  P  A
K  D  N  T  S  J  F  T  R  K  R  M  R  R  L
H  F  U  I  K  X  L  S  E  U  E  O  I  I  O
E  Y  H  S  U  V  Q  E  L  N  L  W  K  S  W
W  I  I  K  A  J  C  V  M  S  B  D  S  E  I
S  T  I  L  U  T  B  N  A  T  Ø  X  H  Y  D
G  A  M  M  E  L  O  I  S  G  M  V  E  G  R
R  E  S  T  A  U  R  E  R  I  N  G  P  W  E
L  P  U  I  E  L  E  G  A  N  T  M  Y  O  V
```

KUNST	MØBLER
AUKSJON	MYNTER
AUTENTISK	PRIS
SAMLER	KVALITET
TILSTAND	RESTAURERING
DEKORATIV	SKULPTUR
ELEGANT	ÅRHUNDRE
GALLERI	STIL
UVANLIG	VERDI
INVESTERING	GAMMEL

62 - Escursionismo

```
S  Y  I  S  D  I  S  U  P  S  K  S  J  C  R
Y  V  E  Q  W  V  R  E  A  C  T  K  V  A  V
Q  T  N  G  G  Y  M  Y  R  U  T  A  N  M  T
E  R  E  N  I  E  T  S  K  N  A  L  U  P  M
L  Ø  R  U  Q  T  S  N  E  L  Y  P  K  I  G
I  T  C  T  D  Ø  P  T  R  A  K  V  L  N  U
P  T  R  T  N  M  C  F  Ø  P  O  T  I  G  G
F  A  R  E  R  P  P  M  J  V  E  Z  P  V  R
A  Y  E  J  Y  P  K  X  F  E  L  G  P  I  T
Y  M  Y  G  X  O  O  Z  X  B  L  E  E  L  D
O  R  I  E  N  T  E  R  I  N  G  L  R  L  V
K  E  S  L  E  D  E  R  E  B  R  O  F  J  J
C  L  N  R  K  S  S  A  S  K  R  S  O  L  X
Q  S  X  H  O  V  A  N  N  D  Y  R  M  M  V
X  P  C  S  Y  G  A  V  H  B  U  A  Q  B  K
```

VANN	TUNG
DYR	STEINER
CAMPING	FORBEREDELSE
KLIMA	KLIPPE
KART	VILL
FJELL	SOL
NATUR	TRØTT
ORIENTERING	STØVLER
PARKER	TOPPMØTE
FARER	MYGG

63 - Professioni #1

```
N Z K M O N O R T S A C R N G
G D I U P Y A F I D G X X R H
T Y Ø S A M R A F E Z W O N F
R Æ N I R E T E V M D J T S O
I F V K A M B A S S A D Ø R R
J S R E I K N A B L N B U C S
F E B R S Y K E P L E I E R K
A M G F N J Q T N U L F Y E E
R D V E J Q I P I G L D N N R
G G V C R E N T S N U K O E O
O B E O P S Y K O L O G C R Q
T M Z O K R E D A K T Ø R T W
R J R P L A R Ø R L E G G E R
A Y Q O F O T S I N A I P P K
K B T Q N O G D A N S E R Z Z
```

TRENER	FARMASØYT
AMBASSADØR	GEOLOG
KUNSTNER	GULLSMED
ASTRONOM	RØRLEGGER
ADVOKAT	SYKEPLEIER
DANSER	MUSIKER
BANKIER	PIANIST
JEGER	PSYKOLOG
KARTOGRAF	FORSKER
REDAKTØR	VETERINÆR

64 - Antartide

```
Z  Y  K  F  A  B  S  I  S  O  M  S  T  S  P
K  O  O  O  M  C  I  X  K  P  U  T  O  P  T
J  S  N  R  H  I  I  T  Y  M  D  E  P  V  T
E  E  T  S  K  Q  N  K  E  Y  C  I  O  I  U
G  N  I  K  P  D  N  E  R  C  N  N  G  T  V
I  H  N  E  N  Q  A  F  R  E  B  E  R  E  L
S  A  E  R  C  J  V  S  H  A  P  T  A  N  B
B  L  N  E  R  B  X  N  A  A  L  E  F  S  B
R  V  T  B  E  V  A  R  I  N  G  E  I  K  U
E  Ø  T  E  M  P  E  R  A  T  U  R  R  A  K
E  Y  E  K  S  P  E  D  I  S  J  O  N  P  T
R  H  K  D  M  I  L  J  Ø  H  V  A  L  E  R
E  W  X  W  N  H  W  G  J  Q  R  N  I  L  M
Y  H  K  Q  R  W  N  O  J  S  A  R  G  I  M
Ø  G  H  G  O  I  I  F  A  R  G  O  E  G  A
```

VANN	MIGRASJON
MILJØ	MINERALER
BUKT	SKYER
HVAL	HALVØY
BEVARING	FORSKER
KONTINENT	STEINETE
GEOGRAFI	VITENSKAPELIG
ISBREER	EKSPEDISJON
IS	TEMPERATUR
ØYER	TOPOGRAFI

65 - Libri

```
A C H B I F O R F A T T E R D
X K S I R O T S I H N J A E U
T S T G D N R Æ R E T T I L A
R I J U H I D U D P R T D L L
A P L T E W S L G O K A J E I
G E K T M L R A J E K E E T T
I E H J O S L O A S W L Z R E
S V T B S Z K H M I B E V O T
K E F Y N Q D R V A B S S F R
D N V D N I H D E M N E E U E
P T G N I L M A S V G R R N A
R Y Z M F M U R T S E D I S S
R R A K P W E H V Z D T E X P
P S A O P K O N T E K S T N M
H I S T O R I E D O V X P D I
```

FORFATTER
EVENTYR
SAMLING
KONTEKST
DUALITET
EPISK
OPPFINNSOM
LITTERÆR
LESER
FORTELLER

SIDE
POESI
AKTUELL
ROMAN
SKREVET
SERIE
HISTORIE
HISTORISK
TRAGISK

66 - Geografia

```
O E L B R E D D E G R A D Ø Y
M W J A H T N E N I T N O K N
U M N T A R V M L T Z Q J X O
I A P L V A P R L U E L V J R
R V N A X L L C E R K U N W N
O R D S D Y L S J S A V D V I
T P A B A B S A F V R M L H W
I F R Ø S C Y C N G T E Y A R
R E G I O N R B U D S E O S H
R U E Z H N G Q H R E U D V M
E H D U V B N R Ø P V U H I T
T I G I A P A T Y B I Y G X L
I C N O K J X F D R O N D Y U
B Z E Z R L U T E V E R D E N
E R L M E R I D I A N H E G B
```

HØYDE   HAV
ATLAS   MERIDIAN
BY   VERDEN
KONTINENT   FJELL
HALVKULE   NORD
ELV   VEST
ØY   LAND
BREDDEGRAD   REGION
LENGDEGRAD   SØR
KART   TERRITORIUM

67 - Cibo #1

```
S A L A T N V B M M G H J H U
K E C I U J E X Q U U Y O W B
S I T R O N V P F K L U R S W
I B T N Q S N J E I R O D I X
F E I E Y Z P L S L O K B D P
N Y I D W M Z I E I T A Æ T W
U D D S M E L K N S V K R A C
T A H A B C V H P A E E H S G
C P D Z C M H R N B T N H C F
K R W X Y C I E W X W I U Z Z
S A L T T Ø J K Ø L T I V H P
P Y E R Æ P B K H X A R S W U
R F N C M B Y U L Q S C R L Y
V F A D Z P G S F H M E J A P
W I K Ø L S G X S E V D H E H
```

HVITLØK

BASILIKUM

KANEL

KJØTT

GULROT

LØK

JORDBÆR

SALAT

MELK

SITRON

MYNTE

BYGG

PÆRE

NEPE

SALT

SPINAT

JUICE

TUNFISK

KAKE

SUKKER

68 - Aeroplani

```
N A L H H Y D R O G E N B P K
V W E I R O T S I H D S R A O
P U Y M W Y K O G N P F E S N
A V G M A R Y T N E V E N S S
K V B E Æ F S O M T A S A T
S L S L V O F M L J Z E E S R
N G A T F U L A L J D R L J U
N E S N A A V A A L E W T E K
A A W R D M A B B X S S E R S
M X I N J I N D T A I W B R J
H P I L O T N I P N G A M V O
U Ø K S L H O G N I N T E R N
V P Y Z E M W B U G O X G C O
M C B D W X I S A D M O T O R
S P F T E R E G I V A N U Y B
```

HØYDE   AVSTAMNING
LUFT   MANNSKAP
ATMOSFÆRE   HYDROGEN
LANDING   MOTOR
EVENTYR   NAVIGERE
BRENSEL   BALLONG
HIMMEL   PASSASJER
KONSTRUKSJON   PILOT
DESIGN   HISTORIE
RETNING

69 - Governo

```
R U D N M L N B U V N Z T Z K
D V X I T A R K O M E D L O V
I U H P S S I V I L L I Z U U
S E P K S K M A Y U A V G M A
T N R S J Y U O H C T L R Z V
R A S G N O M S N O J S A N H
I F R I H E T B J U T B Z M E
K D U B E D V B O O M R S K N
T K C L O V L I G L N E L K G
N A S J O N A L D Z F D N I I
G R U N N L O V U K S E B T G
R E T T S L I G N C B L B I H
R E T T F E R D I G H E T L E
T A G S T A T T N N Q F W O T
L I K E S T I L L I N G P P X
```

LEDER	LOV
SIVIL	FRIHET
GRUNNLOV	MONUMENT
DEMOKRATI	NASJONAL
TALE	NASJON
DISKUSJON	POLITIKK
RETTSLIG	DISTRIKT
RETTFERDIGHET	SYMBOL
UAVHENGIGHET	STAT
LOVLIG	LIKESTILLING

70 - Bellezza

```
V  X  L  L  W  R  A  D  K  Z  E  M  T  K  E
W  I  V  A  A  S  J  U  T  H  Z  B  A  O  L
I  G  N  W  H  R  K  F  D  E  C  O  T  S  E
T  S  I  L  Y  T  S  T  E  P  P  T  O  M  G
F  J  R  F  A  R  G  E  M  R  A  J  S  E  A
I  A  E  H  N  P  V  Q  Y  O  M  F  I  T  N
T  Q  J  N  U  N  Å  D  E  D  E  O  C  I  T
S  O  L  G  E  D  T  C  E  U  E  F  S  K  D
E  F  O  S  L  S  T  K  S  K  L  F  A  K  H
P  V  J  P  X  A  T  O  R  T  E  O  K  T  J
P  B  H  E  T  T  T  E  T  E  G  T  S  L  H
E  I  M  I  T  J  Q  T  R  R  A  O  F  C  P
L  M  H  L  S  J  A  M  P  O  N  G  I  R  Q
M  A  S  C  A  R  A  L  Y  D  S  E  L  W  Y
Q  A  T  K  R  Ø  L  L  E  R  E  N  X  S  I
```

FARGE	MASCARA
KOSMETIKK	OLJER
ELEGANT	HUD
ELEGANSE	PRODUKTER
SJARM	KRØLLER
SAKS	LEPPESTIFT
FOTOGEN	TJENESTER
DUFT	SJAMPO
NÅDE	SPEIL
GLATT	STYLIST

71 - Avventura

```
A V U V A N L I G B F V F R N
T E T I V I T K A W H A N F W
R N I U Q O Q S C Q J N H R P
M N M U L I G H E T O S L M T
V E D E L G I L R A F K Y I O
I R L A V O S F P D J E U X X
D E S T I N A S J O N L N Y T
N S T U U N O J S A G I V A N
A C Q U K Q H D C C P G U S R
T U U B R N E J Y U W H T J E
U T Q D V E W B S M O E F A I
R E M S A I S U T N E T L N S
U T F O R D R I N G E R U S E
B S K J Ø N N H E T R N K E R
S I K K E R H E T R F T T S N
```

VENNER
AKTIVITET
SKJØNNHET
SJANSE
DESTINASJON
VANSKELIGHET
ENTUSIASME
UTFLUKT
GLEDE
UVANLIG

REISERUTE
NATUR
NAVIGASJON
NY
MULIGHET
FARLIG
UTFORDRINGER
SIKKERHET
REISER

72 - Forme

```
T N A K E R T F S B V K T A O
V P E A L O B R E P Y H K S H
W Y R N L D E Z K G Y D L F V
M R G T E G R O T U R S B Æ H
H A L E S P I L L E R S Y R U
J M Q R P R I S M E E V I E C
Ø I R T N P K F O B D H E D L
R D A R F N T T B U N N U Y E
N E T W N S Z N N K I J B F K
E S L A V O P C D N L P L O R
W N O G Y L O P D I Y Q Q J I
L I N J E I K L O B S K N R S
A T J U U J D B H O A S R A N
L E G N A T K E R C H T M O N
T I C W E V E H P B B U C T P
```

HJØRNE	SIDE
BUE	LINJE
KANTER	OVAL
SIRKEL	PYRAMIDE
SYLINDER	POLYGON
KJEGLE	PRISME
KUBE	TORGET
KURVE	REKTANGEL
ELLIPSE	SFÆRE
HYPERBOLA	TREKANT

73 - Oceano

```
B  T  B  L  H  O  L  P  Z  E  I  T  E  I  K
L  U  Q  R  L  V  E  R  G  V  L  F  H  M  H
E  N  P  E  D  D  A  P  L  I  K  S  F  C  L
K  F  Y  K  K  I  R  L  D  Å  S  W  X  E  A
K  I  T  E  B  B  A  R  K  N  I  F  L  E  D
S  S  L  R  B  Å  T  L  A  S  F  Q  I  S  H
P  K  K  F  C  A  L  U  X  B  K  I  I  O  A
R  J  V  M  T  N  K  Ø  S  T  E  R  S  O  T
U  I  A  B  B  V  I  O  B  E  G  D  J  P  D
T  K  W  C  X  T  F  L  R  N  Q  R  Z  G  K
M  G  M  Q  G  Y  N  N  A  V  E  D  I  T
D  H  R  R  P  A  X  S  Q  M  L  G  H  T  H
I  M  Y  H  A  I  S  V  A  M  P  L  L  B  A
S  T  O  R  M  S  C  E  D  U  Y  Ø  V  U  Z
N  M  Q  C  C  F  O  M  Y  K  F  B  L  E  W
```

ÅL	ØSTERS
HVAL	FISK
BÅT	BLEKKSPRUT
KORALL	SALT
DELFIN	REV
REKE	SVAMP
KRABBE	HAI
TIDEVANN	SKILPADDE
MANET	STORM
BØLGER	TUNFISK

74 - Creatività

```
J J G Y F S V D I J A U Z N I
N H W X F P I R N H U T C X N
G K O K R O S A T H T T E D S
F Z E U E N J M E K E R K K P
B Ø D J E T O A N L N Y T U I
K N L T D A N T S A T K A N R
B D I E I N E I I R I K F S A
O Q B H L N R S T H S K Ø T S
Y P T G I S T K E E I T L N J
N G V I S W E U T T T K E E O
Z S E D A Z X F I M E J L R N
K K Y R T N N I L S T F S I T
S M R E N K D T V Y J C E S M
I Z E F A K U G Y F T O R K U
F Z I Y F P Z B T T F V N I K
```

FERDIGHET
KUNSTNERISK
AUTENTISITET
KLARHET
DRAMATISK
FØLELSER
UTTRYKK
FLYT
IDEER

FANTASI
BILDE
INNTRYKK
INTENSITET
INTUISJON
INSPIRASJON
FØLELSE
SPONTAN
VISJONER

75 - Veicoli

```
Y  L  F  I  M  D  M  D  R  T  W  M  Y  H  Z
H  A  F  L  Å  T  E  V  T  L  F  K  A  M  W
E  S  S  U  B  X  C  R  N  L  L  U  P  Q  A
L  T  Å  B  S  N  N  A  V  R  E  D  N  U  M
I  E  Y  U  C  K  S  T  R  A  K  T  O  R  B
K  B  F  L  N  A  U  W  W  O  A  S  V  E  U
O  I  X  A  T  Y  M  L  Q  T  V  X  Z  T  L
P  L  E  K  K  Y  S  P  M  O  T  O  R  O  A
T  N  J  X  J  I  O  X  I  Y  V  L  X  O  N
E  O  R  U  I  H  K  R  G  N  F  R  M  C  S
R  Y  E  A  K  K  F  W  P  B  G  T  F  S  E
O  J  F  S  K  F  G  R  X  I  R  V  Y  M  G
X  U  D  S  K  E  O  P  T  L  A  C  O  G  B
U  E  H  H  E  O  T  Å  B  F  T  P  Q  G  E
I  N  J  C  D  R  Q  T  P  T  P  E  A  C  N
```

FLY
AMBULANSE
BIL
BUSS
BÅT
SYKKEL
LASTEBIL
CAMPINGVOGN
HELIKOPTER
MOTOR

DEKK
RAKETT
SCOOTER
UNDERVANNSBÅT
TAXI
FERJE
TRAKTOR
TOG
FLÅTE

76 - Emozioni

```
Q  G  I  P  J  H  U  C  S  X  X  E  A  T  L
K  T  T  M  S  F  K  Z  I  F  A  D  K  A  Y
J  D  I  E  W  T  U  G  N  E  R  T  B  K  K
E  Y  T  Q  N  E  F  Z  N  S  C  E  C  K  K
D  Ø  A  G  E  H  O  R  E  L  O  H  D  N  S
S  N  P  V  E  G  U  F  Y  E  E  T  L  E  A
O  R  M  A  S  I  P  L  Y  K  S  S  O  M  L
M  O  Y  M  L  L  S  A  N  S  T  I  H  L  I
H  F  S  J  E  N  A  U  C  A  E  R  N  I  G
E  H  J  V  T  N  R  P  D  R  R  T  N  G  H
T  I  J  E  T  E  V  F  P  R  N  G  I  Y  E
Q  Q  W  L  E  V  W  F  X  E  N  L  S  Y  T
G  A  L  E  L  Z  J  B  F  V  T  E  H  M  Ø
W  V  R  R  O  L  I  G  G  O  S  D  U  Y  O
K  J  Æ  R  L  I  G  H  E  T  W  E  T  Z  D
```

KJÆRLIGHET	FRYKT
LYKKSALIGHET	SINNE
ROLIG	AVSLAPPET
INNHOLD	LETTELSE
VENNLIGHET	SYMPATI
GLEDE	FORNØYD
TAKKNEMLIG	OVERRASKELSE
FLAU	ØMHET
KJEDSOMHET	RO
FRED	TRISTHET

77 - Natura

```
L  Ø  V  V  E  R  K  D  V  I  L  L  Z  O  S
C  H  L  T  R  E  I  B  Y  S  K  Y  E  R  K
T  A  E  Å  B  D  Y  H  H  N  R  L  W  U  O
S  R  S  K  S  Z  Y  C  E  C  A  H  Z  K  G
K  P  O  E  I  Q  X  R  L  E  P  M  K  R  D
J  L  U  P  G  U  D  E  L  Y  I  D  I  Q  T
Ø  M  B  V  I  P  G  S  I  W  B  L  F  S  A
N  N  N  O  L  S  R  T  G  G  V  I  J  R  K
N  G  F  L  O  Y  K  W  D  N  K  O  E  X  U
H  Z  R  G  R  G  V  V  O  M  X  W  L  R  P
E  A  R  K  T  I  S  K  M  E  B  R  L  G  I
T  C  Ø  R  K  E  N  K  E  R  O  S  J  O  N
V  I  K  T  I  G  P  R  Y  L  W  T  H  H  L
Y  E  W  N  Y  K  X  O  F  W  W  D  C  J  H
E  O  I  V  X  V  G  Y  I  W  G  R  X  M  H
```

DYR	ISBRE
BIER	FJELL
ARKTISK	TÅKE
SKJØNNHET	SKYER
ØRKEN	LY
DYNAMISK	HELLIGDOM
EROSJON	VILL
ELV	ROLIG
LØVVERK	TROPISK
SKOG	VIKTIG

78 - Balletto

```
T E K N I K K F P Y G F G B K
B A L L E R I N A R G Y T J B
K K Z U N J S Ø I S A R G Y U
O U W V R O T I U Q Ø K Q F S
R N W X B I I T Q S Z V S R I
E S S V R E L K S U M L I I I
O T U F E R D I G H E T M N S
G N P A I N T E N S I T E T G
R E U B L O R K E S T E R C A
A R B J A P G D R M U S I K K
F I L E N A P T E G E S T E X
I S I O B U S A S K H G X R B
F K K T E T S I N O P M O K G
P B U V Y S P G A H D Y K F I
H B M R Y T M E D M T W B L C
```

FERDIGHET
APPLAUS
KUNSTNERISK
BALLERINA
DANSERE
KOMPONIST
KOREOGRAFI
GEST
GRASIØS
INTENSITET

MUSKLER
MUSIKK
ORKESTER
PRAKSIS
ØVING
PUBLIKUM
RYTME
STIL
TEKNIKK

79 - Paesi #1

```
S E N E G A L I B D D W P K U
J H H J T F R E N R G L S Z O
U R J V N T Q P S H A X G T L
L I K A M B O D S J A S D N B
T P Y G E B B W N Y I S I I M
I Y C F E V Z X Z N N T U L J
W R S Z Q R E Z A X A B D E J
S E A K Q M G Q C A M A N A P
A M J K L K R W F C O J L R S
M A L I U A O K K O R A M S P
P N M W H D N A L N I F V I A
M T S G O A I D N I G U Y C N
K E N X X N E L O P L D B N I
P I X K B A Y B I L X F K U A
V V O I C C V E N E Z U E L A
```

BRASIL
KAMBODSJA
CANADA
EGYPT
FINLAND
TYSKLAND
INDIA
IRAK
ISRAEL
LIBYA

MALI
MAROKKO
NORGE
PANAMA
POLEN
ROMANIA
SENEGAL
SPANIA
VENEZUELA
VIETNAM

80 - Geometria

```
C N P D U Z I H D L K E D N T
M T N R L E K R I S T E I U N
U G V Q L S L O G I K K M M W
M N H B E H Y I Q R F O E M U
L I S R L H N M I Z A E N E T
A N D E L Z A C M W Y R S R E
K G E T A L F J Y E M K J L O
I E K E R L Z Z K V T H O H R
T R N M A E I E C R C R N Ø I
R E B A P P K G B U E R I Y H
E B N I U L A A N K M V E D V
V J I D L L E K N I V A H E K
S E G M E N T E T T N X B Q J
H O R I S O N T A L J G S J J
M E D I A N H A A Z B U S L N
```

HØYDE
VINKEL
BEREGNING
SIRKEL
KURVE
DIAMETER
DIMENSJON
LIGNING
LOGIKK
MEDIAN

NUMMER
HORISONTAL
PARALLELL
ANDEL
SEGMENTET
SYMMETRI
FLATE
TEORI
TREKANT
VERTIKAL

81 - Foresta Pluviale

```
O  H  S  M  I  I  A  R  T  E  L  O  B  S  A
V  T  Q  B  A  S  N  T  R  Z  P  T  Z  K  Z
E  S  O  M  F  N  K  S  V  X  M  B  C  Y  C
R  U  T  A  N  F  G  R  E  L  G  U  F  E  J
L  H  V  H  J  P  X  F  N  K  I  R  U  R  B
E  R  E  S  P  E  K  T  O  W  T  F  K  Q  O
V  A  M  F  I  B  I  E  R  L  T  E  G  N  T
E  W  T  Y  P  V  F  R  H  H  D  L  R  M  A
L  J  K  L  Q  D  B  E  V  A  R  I  N  G  N
S  U  U  P  A  T  T  E  D  Y  R  G  R  T  I
E  R  L  N  V  E  R  D  I  F  U  L  L  E  S
F  F  F  B  G  V  J  J  D  S  V  L  E  Z  K
W  O  L  W  T  E  N  N  U  F  M  A  S  P  Y
Q  L  I  A  M  I  L  K  P  C  R  M  F  Q  O
A  K  T  R  E  S  T  A  U  R  E  R  I  N  G
```

AMFIBIER
BOTANISK
KLIMA
SAMFUNNET
MANGFOLD
JUNGEL
URFOLK
INSEKTER
PATTEDYR
MOSE

NATUR
SKYER
BEVARING
VERDIFULL
RESTAURERING
TILFLUKT
RESPEKT
OVERLEVELSE
ART
FUGLER

82 - Edifici

```
K T L H S U H E K Y S S O A F
V E U E O M U E S U M T N K A
M A K T I T H V R I X E X C B
E T X T M L E Å M B N L G P R
D E W Y I S I L K T E T Z C I
A R S H F F X G L K W R F G K
S K O L E T B Q H S Q B G B K
S G R I L Å R H P E P E X E T
A Y T W T R G I Z K T J T H B
B R T F T N O I D A T S X M Q
M K O B S E R V A T O R I U M
A I L A B O R A T O R I U M C
G N S S U P E R M A R K E D U
D O U N I V E R S I T E T U B
F B G G L R Z E N O J E A D W
```

AMBASSADE
LEILIGHET
HYTTE
SLOTT
KINO
FABRIKK
LÅVE
HOTELL
LABORATORIUM
MUSEUM

SYKEHUS
OBSERVATORIUM
HERBERGE
SKOLE
STADION
SUPERMARKED
TEATER
TELT
TÅRN
UNIVERSITET

83 - Malattia

```
O  O  O  G  O  P  T  G  V  G  A  F  O  F  K
N  V  Z  A  E  S  L  E  N  N  E  T  E  B  R
K  R  O  N  I  S  K  N  U  L  R  T  H  Z  O
A  H  J  E  R  T  E  E  N  U  Æ  U  E  B  P
V  S  N  E  J  N  O  T  B  M  V  K  L  L  P
S  I  Q  L  W  F  Y  I  J  B  L  A  S  U  I
Q  P  F  L  R  J  S  S  K  A  E  I  E  F  M
T  A  L  E  A  A  S  K  L  R  V  F  G  T  M
Q  R  D  I  M  K  L  B  C  U  L  N  I  V  U
N  E  V  R  O  P  A  T  I  N  N  D  L  E  N
P  T  L  E  R  G  M  G  G  J  X  G  U  I  I
U  O  V  T  D  H  O  Y  M  A  S  N  E  E  T
L  E  W  K  N  S  M  I  T  T  S  O  M  N  E
Y  V  V  A  Y  P  A  R  V  E  L  I  G  E  T
X  F  V  B  S  A  L  L  E  R  G  I  D  R  T
```

AKUTT	GENETISK
ALLERGI	IMMUNITET
BAKTERIELL	BETENNELSE
VELVÆRE	LUMBAR
SMITTSOM	NEVROPATI
KROPP	LUNGE
KRONISK	LUFTVEIENE
HJERTE	HELSE
SVAK	SYNDROM
ARVELIG	TERAPI

84 - Paesi #2

```
L H Q J D H T D N A L R I J N
I M E M Q V M A I R Y S N A I
B L E L Z O W N G I D O D M G
E S X X L X V M S X Y A O A E
R U M P I A X A N Q M L N I R
I D O W L C S R H A T R E C I
A A B M X W O K H M H E S A A
E N V U Q T P K X Z F H I A D
A D V A L B A N I A J S A U N
G H A I T I F H N N P A I W A
P A K I S T A N E I H B P X G
R U S S L A N D P A Z H O A U
E A X O M G L K A R V I I D N
J Z L K O X D K L K R I T T P
C T B A X E O T Z U I Y E Q X
```

ALBANIA
DANMARK
ETIOPIA
JAMAICA
JAPAN
HELLAS
HAITI
INDONESIA
IRLAND
LAOS

LIBERIA
MEXICO
NEPAL
NIGERIA
PAKISTAN
RUSSLAND
SYRIA
SUDAN
UKRAINA
UGANDA

85 - Tipi di Capelli

```
F  F  M  G  R  S  I  A  D  Q  G  Y  T  F  B
A  K  L  P  E  W  G  J  A  I  L  G  I  P  L
R  R  A  E  P  B  N  N  U  S  V  A  R  T  O
G  Ø  Q  E  T  E  A  U  V  N  Z  E  E  I  N
E  L  E  Z  R  T  L  F  R  R  R  O  L  V  D
T  L  H  I  O  S  E  U  E  B  H  H  L  H  T
P  E  F  C  K  H  P  T  B  F  P  A  Ø  E  Z
G  T  L  T  X  M  Y  P  O  A  X  Q  R  N  G
F  G  E  D  N  N  M  L  H  Y  N  I  K  D  Y
F  R  T  D  M  N  Z  O  Q  O  P  S  Ø  L  V
T  Å  T  X  E  Y  S  K  A  L  L  E  T  U  L
Ø  A  E  P  Y  T  K  K  G  L  A  T  T  E  P
R  E  R  K  V  F  L  Y  O  Z  B  Z  W  G  W
R  Y  V  Y  Y  Q  C  T  P  U  Q  F  Y  P  S
Z  V  L  Z  D  A  R  R  V  L  P  W  Z  E  Q
```

SØLV	LANG
TØRR	BRUN
HVIT	MYK
BLOND	SVART
KORT	KRØLLET
SKALLET	KRØLLER
FARGET	SUNN
GRÅ	TYNN
FLETTET	TYKK
GLATT	FLETTER

86 - Vestiti

```
H E D E A I L F R G H F V Q D
N M F D Q S H G J E A R G Q C
F Z K J Z K B V T N N E M D R
L E N S X E P S K S S J O Z X
P I W S L S G Y W E K K A J Q
A R M B Å N D K J R E S U L B
P M F K K A Y K K A R F B N D
B G K U I E T L E B M Q B E X
H S Q Y D J S B K O B A W D A
J T R E D E J K S L A H S R I
K N E F P D T S U S K J Ø R T
E J T D A S Y S A B I Q R H T
D M O K S S K J O R T E E D A
U Z M L S A N D A L E R A P H
V B Q H E L K R O F X M L M A
```

KJOLE	FORKLE
ARMBÅND	HANSKER
BLUSE	JEANS
SKJORTE	GENSER
HATT	MOTE
FRAKK	BUKSE
BELTE	PYJAMAS
HALSKJEDE	SANDALER
JAKKE	SKO
SKJØRT	SKJERF

87 - Attività e Tempo Libero

```
H  I  A  I  E  Y  A  F  F  B  Q  L  H  J  S
U  A  G  C  A  I  J  O  O  A  A  L  T  L  V
T  B  G  M  Y  E  S  T  T  S  R  A  W  S  Ø
A  T  A  E  V  K  F  B  T  E  K  B  W  R  M
K  B  F  I  A  A  L  A  U  B  U  Y  K  M  M
E  C  Y  W  P  R  G  L  R  A  N  E  C  M  I
D  X  U  V  G  P  B  L  E  L  S  L  J  S  N
T  Y  J  Q  E  S  I  E  R  L  T  L  R  Y  G
E  N  K  J  S  P  G  N  I  P  P  O  H  S  N
N  F  L  K  A  B  U  P  D  D  D  V  K  K  I
N  I  G  N  I  F  R  U  S  F  C  S  W  P  P
I  S  F  E  D  N  E  P  P  A  L  S  V  A  M
S  K  W  C  L  Q  G  N  I  S  K  O  B  U  A
M  E  M  A  L  E  R  I  M  G  S  I  G  C  C
I  J  M  S  J  B  A  S  K  E  T  B  A  L  L
```

KUNST
BASEBALL
BASKETBALL
BOKSING
FOTBALL
CAMPING
FOTTURER
HAGEARBEID
GOLF
DYKKING

SVØMMING
VOLLEYBALL
FISKE
MALERI
AVSLAPPENDE
SHOPPING
SURFING
TENNIS
REISE

88 - Arte

```
S  U  I  O  N  L  L  O  H  K  X  T  G  I  I
A  J  T  E  B  J  U  X  U  X  U  J  W  I  E
M  C  D  T  L  K  S  I  M  A  R  E  K  W  M
M  P  T  D  R  N  N  W  Ø  M  E  M  G  K  S
E  E  R  U  U  Y  Y  Q  R  M  J  R  R  G  I
N  R  E  D  G  V  K  J  U  R  E  N  K  E  L
S  S  R  H  I  P  W  K  T  E  Y  T  N  P  A
E  O  I  Q  F  Y  V  F  P  I  M  T  T  A  E
T  N  P  W  O  D  S  U  L  R  R  N  Y  K  R
N  L  S  P  O  E  S  I  U  E  X  H  E  S  R
I  I  N  Y  Y  F  A  Z  K  L  K  L  W  N  U
N  G  I  D  M  O  U  N  S  A  Q  D  E  G  S
G  I  L  R  Æ  B  S  Q  Z  M  P  H  E  H  B
O  Q  S  C  X  O  O  S  K  I  L  D  R  E  W
V  I  S  U  E  L  L  L  A  N  I  G  I  R  O
```

KERAMISK	POESI
SAMMENSETNING	SKILDRE
SKAPE	SKULPTUR
MALERIER	ENKEL
UTTRYKK	SYMBOL
FIGUR	EMNE
INSPIRERT	SURREALISME
ÆRLIG	HUMØR
ORIGINAL	VISUELL
PERSONLIG	

89 - Meteo

```
Z P C J K T S O B W M O O L O
U O Z N L O T W Y U K D U Q M
K L J Y I R O B X P I M J M S
T A E Y M D R R S F I Y Y Z G
E R R M A E M I J N W D Z O H
M P Æ W M N U S N O M K G D J
P T F U B I B V A Q J S S K Y
E L S V G X H N T V Z I N U Y
R A O V I N D X T Ø I P Z D M
A S M Q T G O D A N R O T A V
T X T M D H R T X Z W R Y Z V
U U A L Z E K R Ø T I T K I J
R U T S I G A F B Z J S V N F
V U G E U B N G E R T Å K E L
W L Y N H L Q B Q H Y Q V Z Z
```

REGNBUE
TØRR
ATMOSFÆRE
BRIS
HIMMEL
KLIMA
LYN
IS
MONSUN
TÅKE

SKY
POLAR
TØRKE
TEMPERATUR
STORM
TORNADO
TROPISK
TORDEN
ORKAN
VIND

90 - Corpo Umano

```
S Z A R R H H N I E B O X Ø Y
K H C I U S O Å E K A H U R N
U P U C C H C Z N S L A H E A
L S O Q S F S Z R D E F P Y N
D W N L M C V N E M K P Q Ø S
E D O H C K R I J K N J Q B I
R M T R W W Q B H K A Q U F K
I M A M S A L B U E B Y U V T
K R E G N I F H I I B N Z Z F
A Q I S E Y J O M Q L Q I P W
D Z E G T G U I U A O F B G K
F N Q U R G S Z N K D A K C N
B E O V E J N F N G B D H J E
L T C O J U F Y H U D Z A P H
D E Z A H M M X K P Z M M A B
```

MUNN	HÅND
ANKEL	HAKE
HJERNE	NESE
HALS	ØYE
HJERTE	ØRE
FINGER	HUD
ANSIKT	BLOD
BEIN	SKULDER
KNE	MAGE
ALBUE	HODE

91 - Mammiferi

```
M O B V G C V I I K I L Q M M
K A N I N X G I A U B Q X W J
X L R W U C O Q U V N L F U Z
F L Ø I L G R O W W P N L I E
V I J K U L R Y O K N D K C R
A R B E S X G E N E H D A L O
V O V R S Q I C G N F V T A J
T G L L U L V S L G F I T T D
N S U A S R E V B U A O R R O
A P E V E U A S T R R X O E H
F A I H H F L H O U I D J Y O
E Z R Z U L Ø E U K J L H G A
L L Æ O S Z V F P N S J X D L
E K R J R Z E I X R D E Z X J
G B P G M U X V D E L F I N V
```

HVAL
HUND
KENGURU
HEST
HJORT
KANIN
PRÆRIEULV
DELFIN
ELEFANT
KATT

SJIRAFF
GORILLA
LØVE
ULV
BJØRN
SAU
APE
OKSE
REV
SEBRA

92 - Cucina

```
M F S M U G G E L L I R G U K
T X D P Q O T F I R K S P P O
P Z H W I K T Y F K E I Y P P
Y A Q J W S T Q I Y L L M T P
S K J E E R E V I N K A F O E
C D K C H Q I P S Z R O X A R
V D J F X V V M I U O V H L G
Q U Ø G G W R A G N F R J J E
J B L S M L E V P V N C C H Y
P O E B A K S S Ø O H E V I G
L D S O T M J Q S Y T K R W P
B E K L M P Q E E S Y K K T J
U X A L C L Q M L B X U M P V
X G P E S M A P X E I R X Z I
F R Y S E R E D D Y R K J P Q
```

SPISEPINNER
KJELE
MUGGE
MAT
BOLLE
KNIVER
FRYSER
SKJEER
GAFLER
OVN

KJØLESKAP
FORKLE
GRILLE
ØSE
OPPSKRIFT
KRYDDER
SVAMP
KOPPER
SERVIETT
KRUKKE

93 - Giardinaggio

```
B  L  A  D  R  O  J  C  H  V  B  B  O  F  M
E  K  S  O  T  I  S  K  Q  R  L  E  A  U  W
S  O  J  P  I  Y  D  P  U  K  O  H  R  K  N
S  P  I  S  E  L  I  G  X  G  M  O  T  T  T
L  U  Z  K  G  Z  B  B  F  G  S  L  G  I  L
A  A  J  L  N  Q  Q  O  R  C  T  D  R  G  Ø
L  L  M  I  A  T  Ø  F  T  P  R  E  A  H  V
B  Y  R  M  L  D  Z  R  H  A  E  R  R  E  V
L  W  H  A  S  C  A  U  F  Y  N  I  Q  T  E
O  T  S  O  P  M  O  K  R  J  P  I  E  Q  R
M  B  U  K  E  T  T  T  F  V  B  J  S  S  K
S  C  W  T  K  P  G  H  T  O  L  M  J  K  F
T  X  D  R  U  N  N  A  V  I  T  Z  G  S  J
E  J  K  O  F  Y  B  G  M  R  K  G  D  V  P
R  K  X  C  W  G  N  E  B  T  D  S  N  D  N
```

VANN	LØVVERK
BOTANISK	FRUKTHAGE
KLIMA	BUKETT
SPISELIG	FRØ
KOMPOST	ART
BEHOLDER	SKITT
EKSOTISK	JORD
BLOMSTRE	SLANGE
BLOMSTER	FUKTIGHET
BLAD	

94 - Universo

```
D Y R E K R E T S E N A Z J G
S Q H I A S T R O N O M I O V
S O L U K G R T W L X E N Å M
Y E L U K V L A H E T D N J V
N R K V F G K Z U N Q I L L E
L K L P E R E S X G S O L A R
I M P D A R G E D D E R B K Æ
G M E D N P V C G E J E Z S F
H I M M E L S T M G J T F X S
E E K O S M I S K R A S J D O
G Y K D A O G Y X A L A G K M
A S T R O N O M A D X G A B T
J A U Q Ø H O R I S O N T A A
E S C H I M M E L S K K Y N D
T E L E S K O P Z X T K Z E N
```

ASTEROIDE	BREDDEGRAD
ASTRONOMI	LENGDEGRAD
ASTRONOM	MÅNE
ATMOSFÆRE	BANE
MØRKE	HORISONT
HIMMELSK	SOLAR
HIMMEL	SOLVERV
KOSMISK	TELESKOP
HALVKULE	SYNLIG
GALAXY	DYREKRETSEN

95 - Jazz

```
X  J  L  A  U  Q  E  N  C  A  W  K  J  R  Z
A  P  P  L  A  U  S  G  R  N  I  G  Q  Y  M
I  D  P  L  X  B  G  T  M  Z  K  N  B  T  I
S  T  X  U  C  P  G  S  B  Q  O  I  I  M  M
C  V  A  T  E  K  N  I  K  K  N  N  M  E  P
S  E  G  L  D  I  A  N  J  G  S  T  U  F  R
J  K  A  S  E  O  S  O  E  T  E  E  S  A  O
A  T  M  S  D  N  C  P  U  V  R  S  I  V  V
N  X  M  T  N  Q  T  M  U  U  T  N  K  O  I
G  N  E  I  R  Y  M  O  U  A  T  E  K  R  S
E  K  L  L  H  X  Ø  K  R  B  F  M  H  I  A
R  E  T  S  E  K  R  O  T  M  L  M  S  T  S
K  U  N  S  T  N  E  R  L  O  F  A  E  T  J
X  P  I  N  I  U  B  X  O  F  Q  S  K  E  O
V  H  L  A  A  D  W  E  Q  A  V  K  C  R  N
```

ALBUM
APPLAUS
KUNSTNER
SANG
KOMPONIST
SAMMENSETNING
KONSERT
VEKT
BERØMT
SJANGER

IMPROVISASJON
MUSIKK
NY
ORKESTER
FAVORITTER
RYTME
STIL
TALENT
TEKNIKK
GAMMEL

96 - Vacanze #2

```
U K Z Z T P T E X V A F J X I
T T A F A N E S S A L P Y L F
L R R R O D L I H H V S Ø S H
E V E A T J T E O A I T Y G E
N U I S N B I R T U S R V K Y
D K R J T S Y Q E S U A Y T A
I F E I G A P R L V M N X X L
N I F P M S U O L H Z D Z K M
G N I P M A C R R Q O I E G E
V Q D Z Y N I X A T J T V I B
R R F L F N E P Y N A I A G Q
D P T Q U T O G F O T R T X F
D E S T I N A S J O N F G W D
Z E K S Q Z V F P A S S T K N
P H Z L G N B I L D E R G E U
```

FLYPLASSEN	STRAND
CAMPING	UTLENDING
DESTINASJON	TAXI
BILDER	FRITID
HOTELL	TELT
ØY	TRANSPORT
KART	TOG
HAV	FERIE
PASS	REISE
RESTAURANT	VISUM

97 - Attività

```
F  Y  D  S  G  S  W  K  T  T  K  A  J  A  F
C  S  D  E  F  P  U  U  G  T  K  V  I  K  O
V  N  D  D  L  C  B  N  N  E  I  S  N  T  T
C  A  M  P  I  N  G  S  I  H  M  L  T  I  T
R  D  K  I  G  E  I  T  R  G  A  A  E  V  U
U  Z  S  Y  A  O  B  U  E  I  R  P  R  I  R
W  X  O  P  M  P  H  R  F  D  E  N  E  T  E
L  E  S  I  N  G  Å  I  A  R  K  I  S  E  R
F  I  S  K  E  K  N  E  R  E  T  N  S  T  S
B  T  O  D  N  M  D  D  G  F  G  G  E  I  D
C  Q  F  X  F  E  V  V  O  X  H  A  R  U  L
Q  U  C  P  C  F  E  H  T  M  A  L  H  T  P
D  O  D  I  T  I  R  F  O  W  N  N  L  J  H
G  G  M  R  X  N  K  A  F  T  T  I  E  F  H
H  B  S  P  I  L  L  X  Y  N  G  L  E  D  E
```

FERDIGHET	FOTOGRAFERING
KUNST	HAGEARBEID
HÅNDVERK	SPILL
AKTIVITET	INTERESSER
JAKT	LESING
CAMPING	MAGI
KERAMIKK	FISKE
SY	GLEDE
DANS	AVSLAPNING
FOTTURER	FRITID

98 - Diplomazia

```
F B H R E V I G D Å R D D R I
Y G T E H R E K K I S I I E N
E R E G R O B A K T K S P T T
S S C J N G D T I Q O K L T E
A A I E A D W D T L N U O F G
M M V R W M B E E Z F S M E R
F A I I A R B V Y H L J A R I
U R C N S P H A M W I O T D T
N B V G S A K U S W K N I I E
N E R N Y A H R V S T K S G T
E I Q I S P M H I F A B K H A
T D C N T R A K T A T D Q E L
N N Y S P O L I T I K K Ø T D
N C V Ø H U M A N I T Æ R R V
Q E S L A M B A S S A D E N P
```

AMBASSADE
AMBASSADØR
BORGERE
CIVIC
SAMFUNNET
KONFLIKT
RÅDGIVER
SAMARBEID
DIPLOMATISK
DISKUSJON

ETIKK
RETTFERDIGHET
REGJERING
INTEGRITET
POLITIKK
VEDTAK
SIKKERHET
LØSNING
TRAKTAT
HUMANITÆR

99 - Forniture Artistiche

```
D E S T A F F E L I I K S U F
L B R R Y W F X K M D O P L A
R Æ L E K S I V A A E R P Z R
I M Y E Y H T N M L E E O R G
P P R G K F Q E E I R T X B E
A W K V M K Q E R N N N A V R
P D A M T M X I A G S A I F E
K R E A T I V I T E T Y K C T
Z O O L J E O Z K N L L I P S
Z V J K O V V S T O L B U C R
D Y J M U A H J N E L N O X Ø
L E I R E L W J G L I M T R B
Q V M Y R E L L E R A V K A L
D I D M N H N I U N M F U C W
Z C X S Q O C R G W G G L O M
```

VANN
AKVARELLER
AKRYL
LEIRE
KULL
PAPIR
STAFFELI
LIM
FARGER
KREATIVITET

VISKELÆR
IDEER
BLEKK
BLYANTER
OLJE
STOL
BØRSTER
BORD
KAMERA
MALING

100 - Misurazioni

```
D A R G M M U L O V U P R A S
E T Y B H E E I Z Q B K M O Z
S D H P H R E T E M I T N E C
I I G A S S S E X I B I A A N
M Z I N L G N R D F B S B D N
A I C N E V U P L Y R X G M I
L C C O M L L J Z F B N O E G
T P G T M F B I P A S D I T M
K D M W O D F E T K E V E E G
S V E T T U N I M E J X I R R
W U D B R E D D E X R U C G A
H Ø Y D E P J O V S E M X O M
K I L O M E T E R Y C J D I Y
Q Q C U V U K V H L V E G Q V
G C M K I L O O Z M Y T G M P
```

HØYDE   LENGDE
BYTE   METER
CENTIMETER   MINUTT
KILO   UNSE
KILOMETER   VEKT
DESIMAL   HALVLITER
GRAD   TOMME
GRAM   DYBDE
BREDDE   TONN
LITER   VOLUM

1 - Salute e Benessere #2

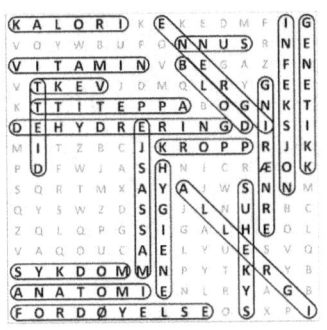

2 - Aggettivi #2

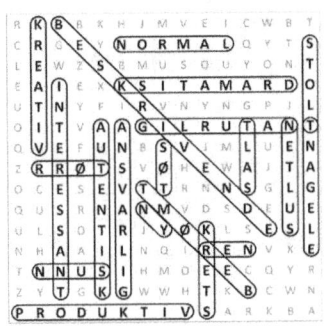

3 - Ingegneria

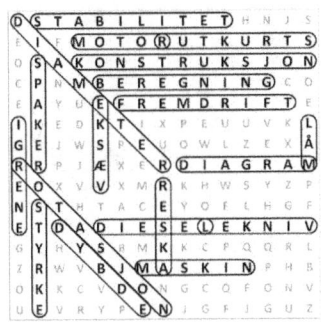

4 - Archeologia

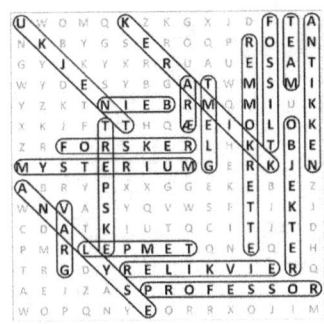

5 - Salute e Benessere #1

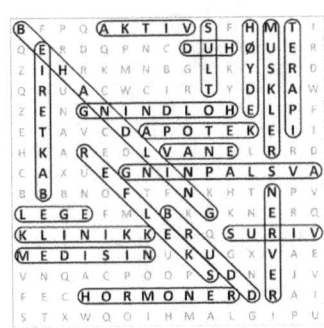

6 - Aggettivi #1

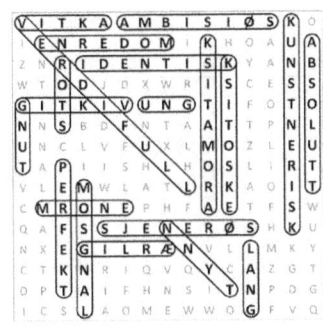

7 - Geologia

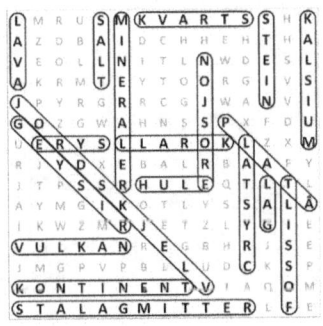

8 - Campeggio

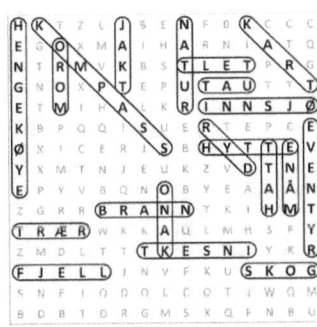

9 - Arti Visive

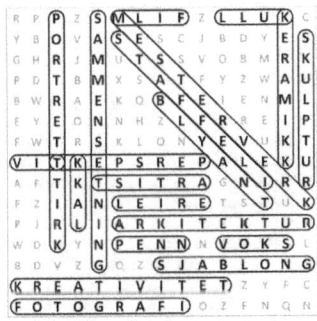

10 - Tempo

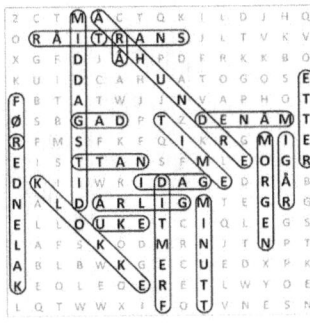

11 - Astronomia

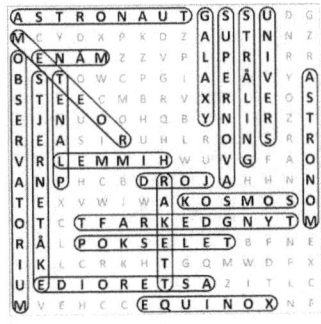

12 - Algebra

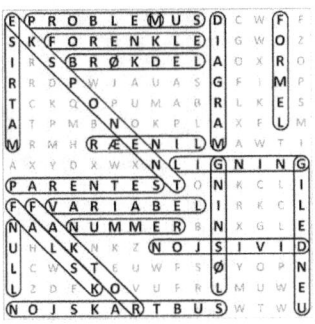

13 - Mitologia

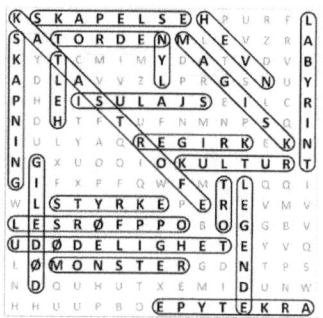

14 - Piante

15 - Spezie

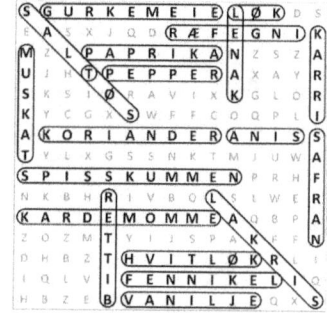

16 - Numeri

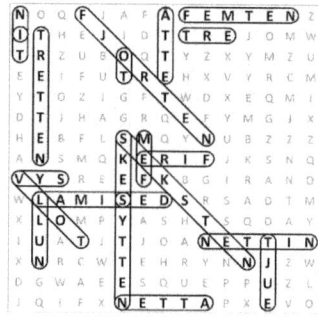

17 - Guida

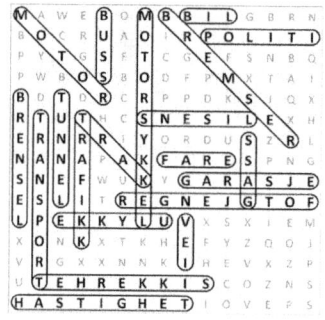

18 - I Media

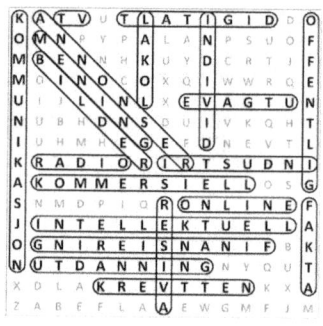

19 - Forza e Gravità

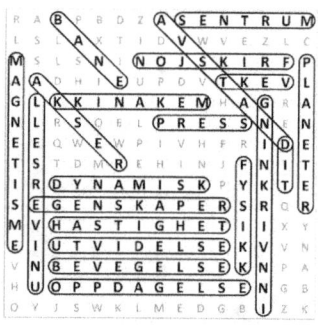

20 - Uccelli

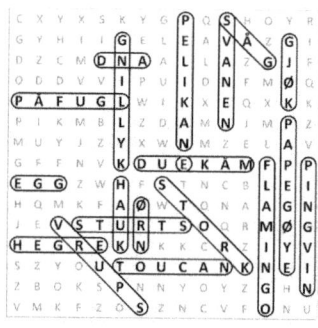

21 - Giorni e Mesi

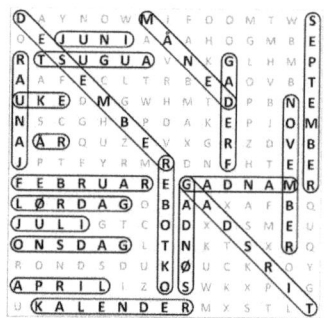

22 - Casa

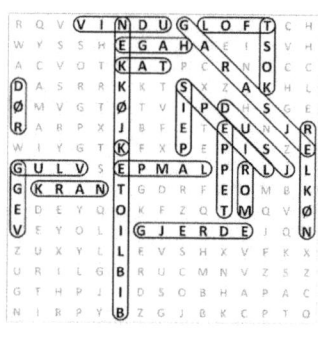

23 - Fantascienza

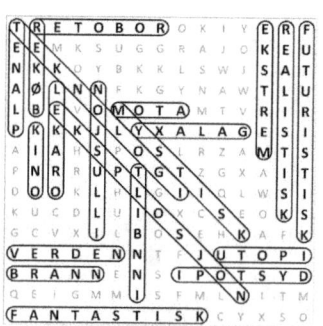

24 - Città

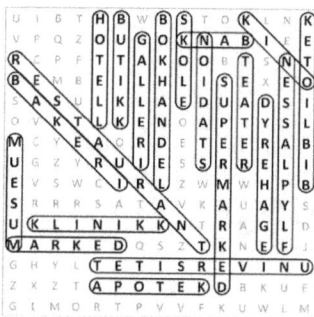

25 - Fattoria #1

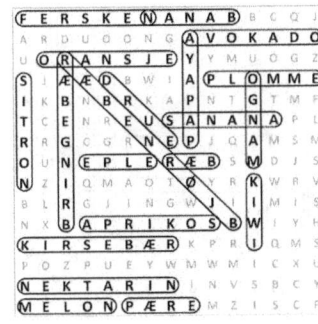

26 - Psicologia

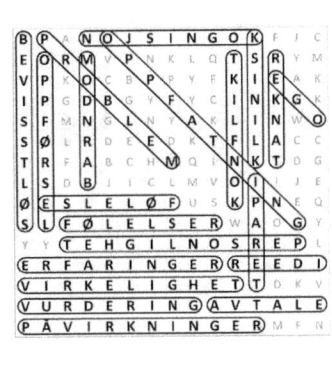

27 - Paesaggi

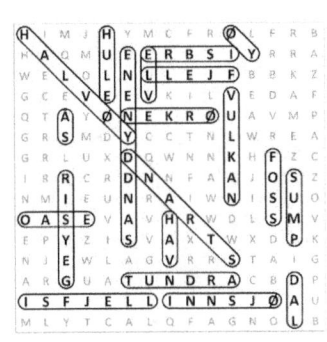

28 - Energia

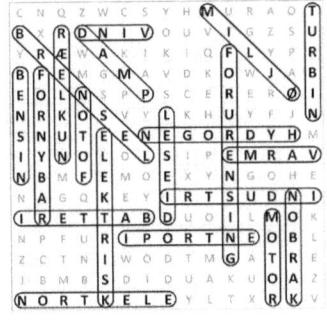

29 - Ristorante #2

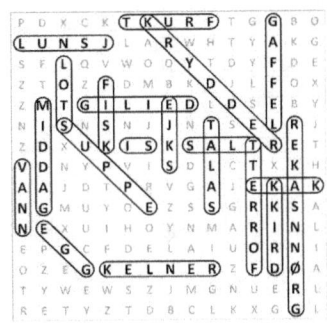

30 - Moda

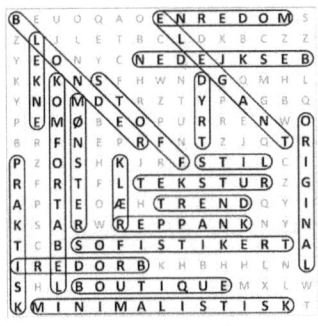

31 - L'Azienda

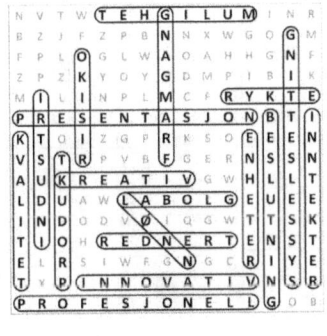

32 - Giardino

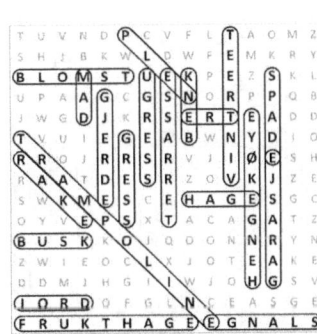

33 - Riscaldamento Gl

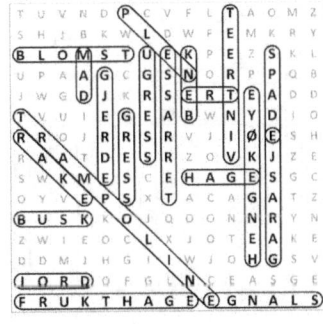

34 - Frutta

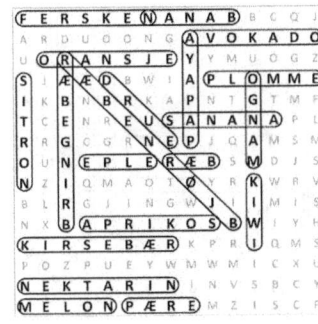

35 - Fattoria #2

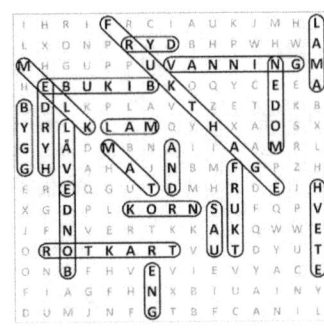

36 - Verdure

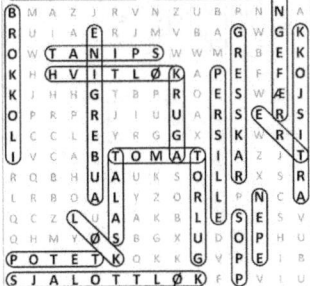

37 - Musica

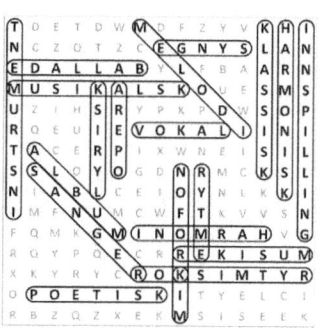

38 - Barbecue

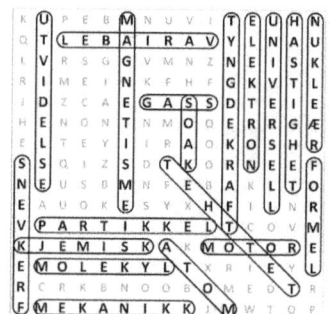

39 - Fisica

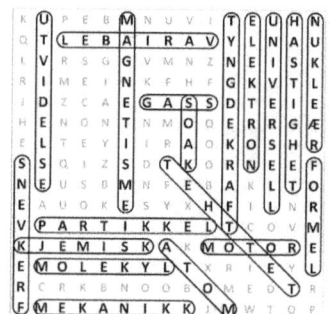

40 - Agronomia

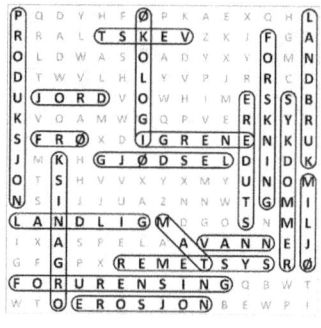

41 - Erboristeria

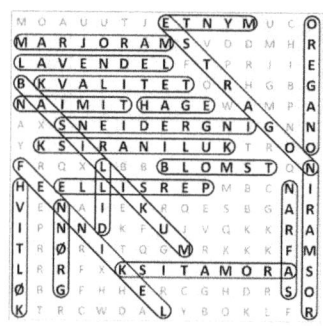

42 - Danza

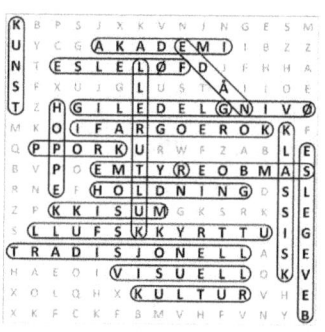

43 - Biologia

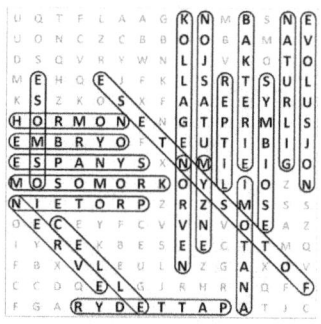

44 - Attività Commerciale

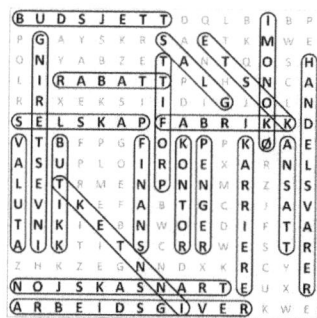

45 - Fiori

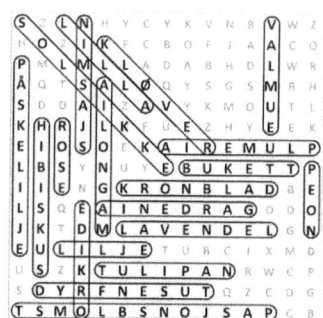

46 - Filantropia

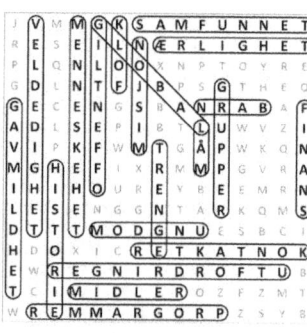

47 - Ecologia

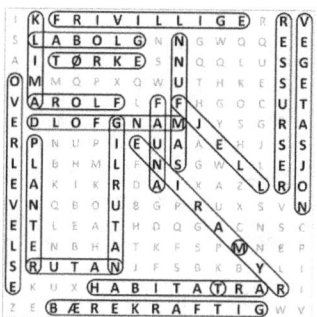

48 - Discipline Scientifiche

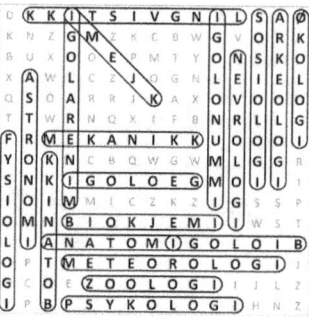

49 - Scienza

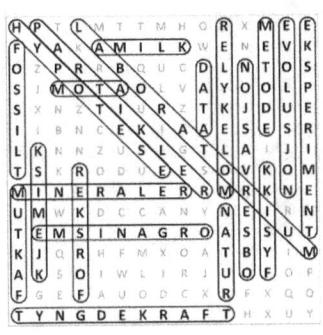

50 - Imbarcazioni

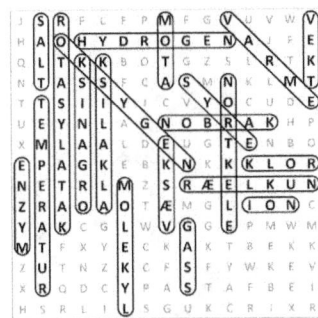

51 - Chimica

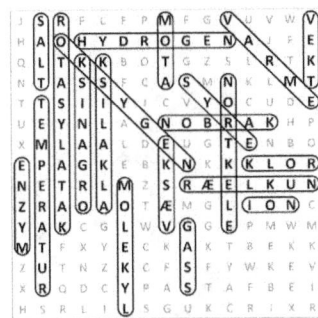

52 - Api

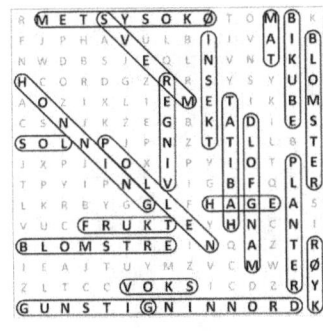

53 - Strumenti Musicali

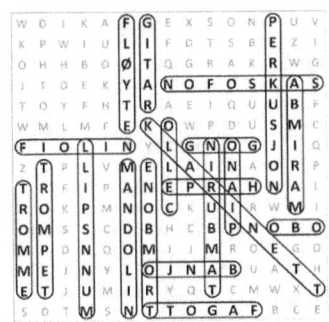

54 - Professioni #2

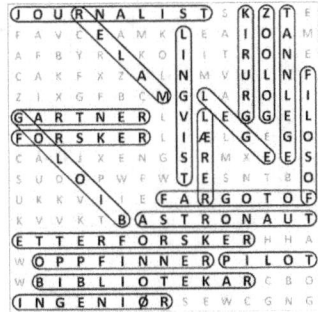

55 - Letteratura

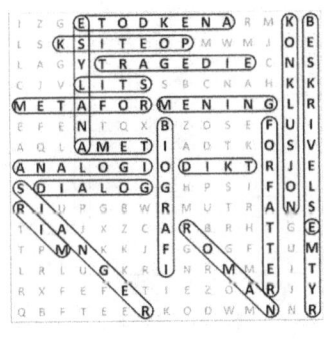

56 - Cibo #2

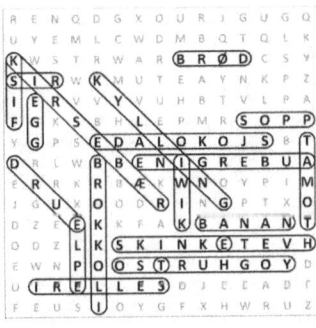

57 - Nutrizione

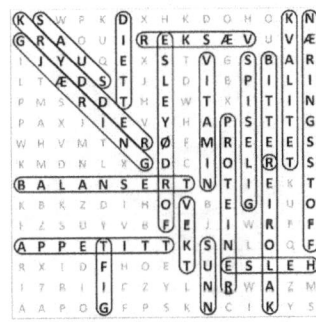

58 - Matematica

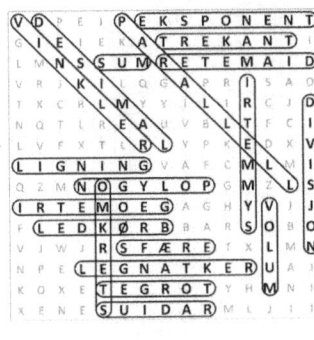

59 - Meditazione

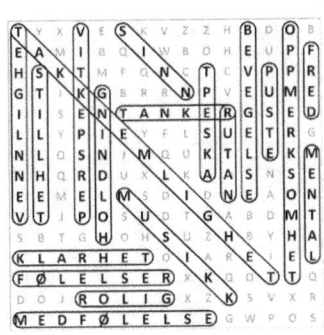

60 - Elettricità

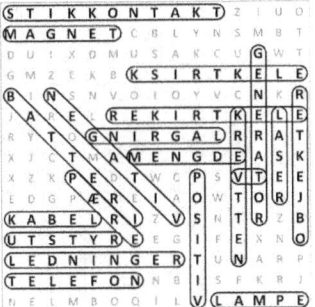

61 - Antiquariato

62 - Escursionismo

63 - Professioni #1

64 - Antartide

65 - Libri

66 - Geografia

67 - Cibo #1

68 - Aeroplani

69 - Governo

70 - Bellezza

71 - Avventura

72 - Forme

73 - Oceano

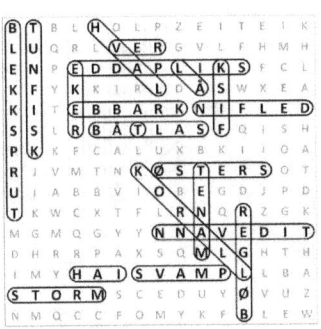

74 - Creatività

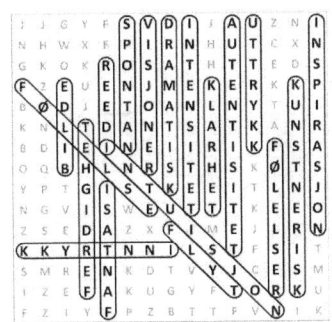

75 - Veicoli

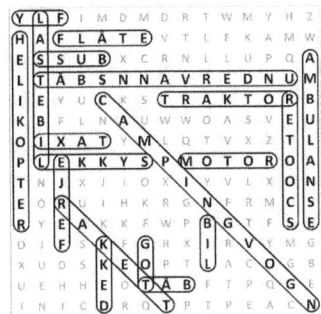

76 - Emozioni

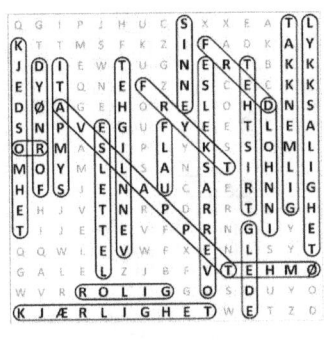

77 - Natura

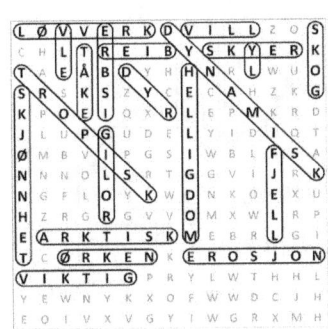

78 - Balletto

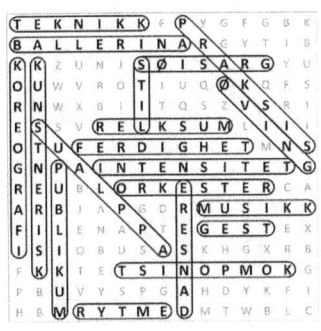

79 - Paesi #1

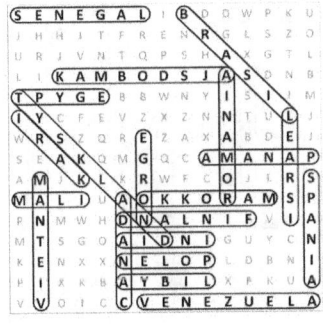

80 - Geometria

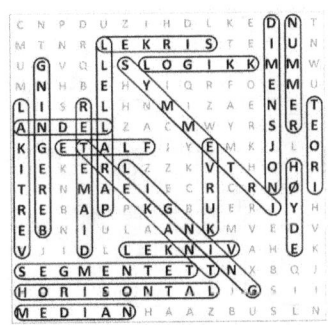

81 - Foresta Pluviale

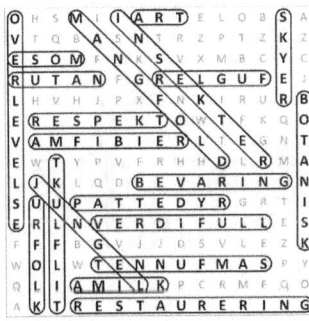

82 - Edifici

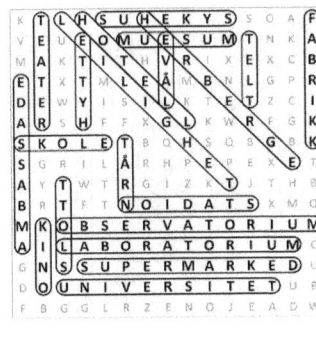

83 - Malattia

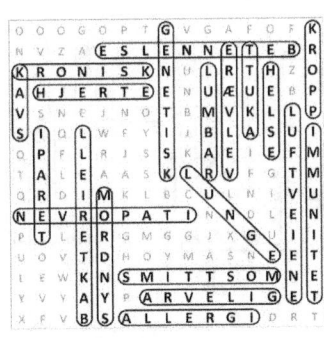

84 - Paesi #2

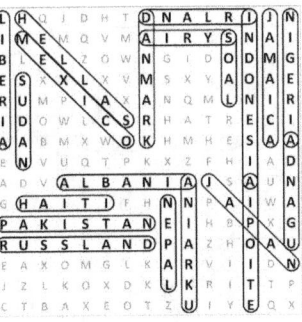

85 - Tipi di Capelli

86 - Vestiti

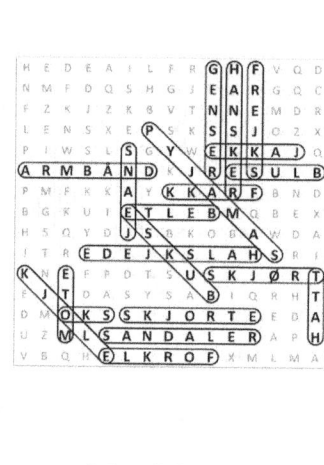

87 - Attività e Tempo Libero

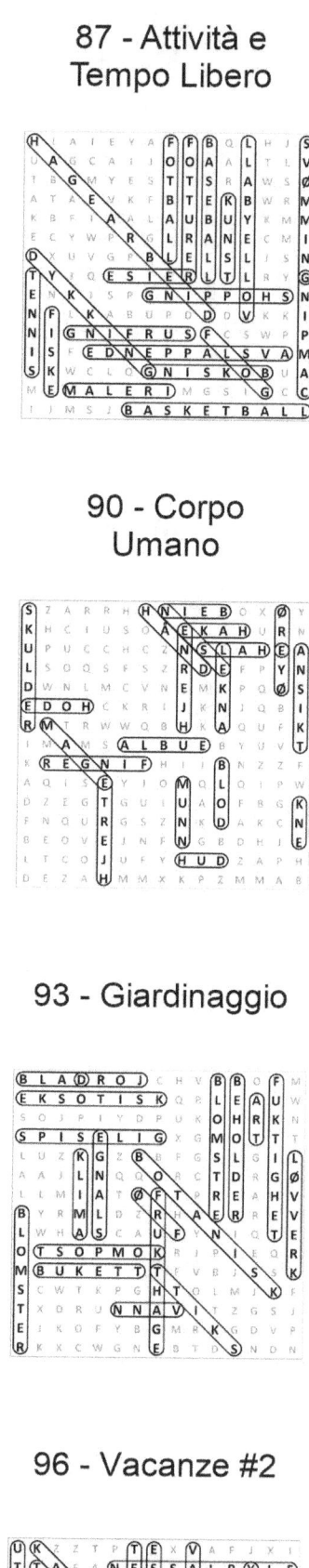

88 - Arte

89 - Meteo

90 - Corpo Umano

91 - Mammiferi

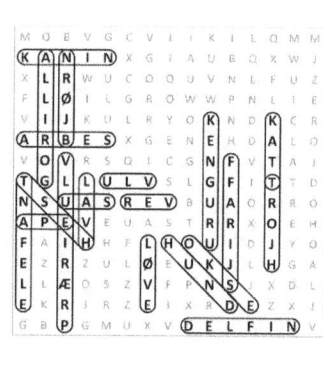

92 - Cucina

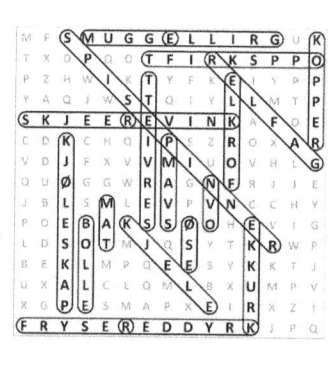

93 - Giardinaggio

94 - Universo

95 - Jazz

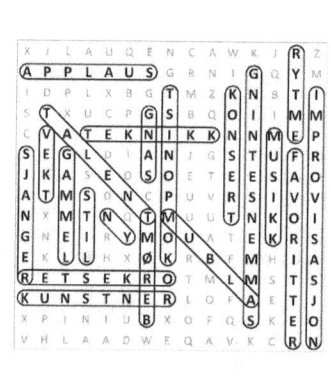

96 - Vacanze #2

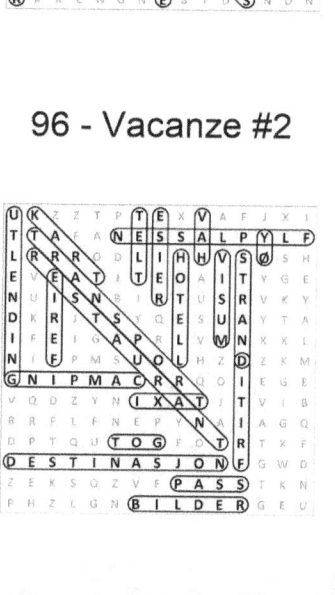

97 - Attività

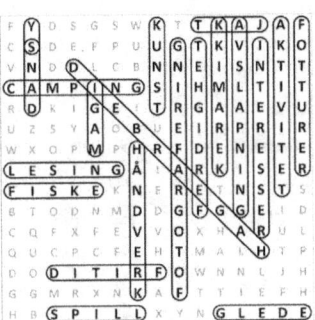

98 - Diplomazia

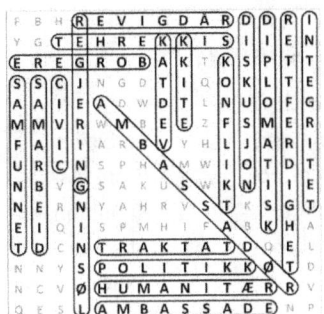

99 - Forniture Artistiche

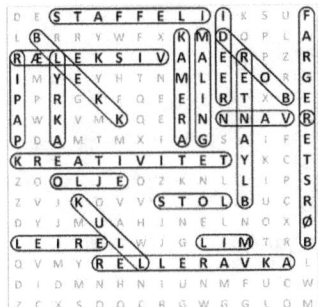

100 - Misurazioni

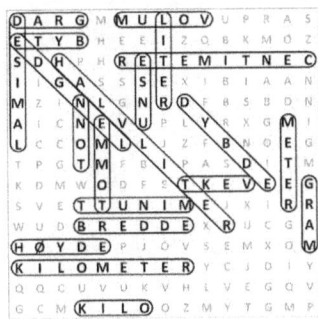

Dizionario

Aeroplani
Fly

Altezza	Høyde
Aria	Luft
Atmosfera	Atmosfære
Atterraggio	Landing
Avventura	Eventyr
Carburante	Brensel
Cielo	Himmel
Costruzione	Konstruksjon
Design	Design
Direzione	Retning
Discesa	Avstamning
Equipaggio	Mannskap
Idrogeno	Hydrogen
Motore	Motor
Navigare	Navigere
Palloncino	Ballong
Passeggero	Passasjer
Pilota	Pilot
Storia	Historie
Turbolenza	Turbulens

Aggettivi #1
Adjektiver #1

Italiano	Norsk
Ambizioso	Ambisiøs
Aromatico	Aromatisk
Artistico	Kunstnerisk
Assoluto	Absolutt
Attivo	Aktiv
Enorme	Enorm
Esotico	Eksotisk
Generoso	Sjenerøs
Giovane	Ung
Grande	Stor
Identico	Identisk
Importante	Viktig
Lento	Langsom
Lungo	Lang
Moderno	Moderne
Onesto	Ærlig
Perfetto	Perfekt
Pesante	Tung
Prezioso	Verdifull
Sottile	Tynn

Aggettivi #2
Adjektiver #2

Italiano	Norsk
Affamato	Sulten
Asciutto	Tørr
Autentico	Autentisk
Creativo	Kreativ
Descrittivo	Beskrivende
Dolce	Søt
Drammatico	Dramatisk
Elegante	Elegant
Famoso	Berømt
Forte	Sterk
Interessante	Interessant
Naturale	Naturlig
Normale	Normal
Nuovo	Ny
Orgoglioso	Stolt
Produttivo	Produktiv
Puro	Ren
Responsabile	Ansvarlig
Salato	Salt
Sano	Sunn

Agronomia
Agronomi

Italiano	Norsk
Acqua	Vann
Agricoltura	Landbruk
Ambiente	Miljø
Cibo	Mat
Crescita	Vekst
Ecologia	Økologi
Energia	Energi
Erosione	Erosjon
Fertilizzante	Gjødsel
Inquinamento	Forurensing
Malattie	Sykdommer
Organico	Organisk
Produzione	Produksjon
Ricerca	Forskning
Rurale	Landlig
Scienza	Vitenskap
Semi	Frø
Sistemi	Systemer
Studio	Studere
Suolo	Jord

Algebra
Algebra

Italiano	Norsk
Diagramma	Diagram
Divisione	Divisjon
Equazione	Ligning
Esponente	Eksponent
Falso	Falsk
Fattore	Faktor
Formula	Formel
Frazione	Brøkdel
Infinito	Uendelig
Lineare	Lineær
Matrice	Matrise
Numero	Nummer
Parentesi	Parentes
Problema	Problem
Semplificare	Forenkle
Soluzione	Løsning
Somma	Sum
Sottrazione	Subtraksjon
Variabile	Variabel
Zero	Null

Antartide
Antarktis

Italiano	Norsk
Acqua	Vann
Ambiente	Miljø
Baia	Bukt
Balene	Hval
Conservazione	Bevaring
Continente	Kontinent
Geografia	Geografi
Ghiacciai	Isbreer
Ghiaccio	Is
Isole	Øyer
Migrazione	Migrasjon
Minerali	Mineraler
Nuvole	Skyer
Penisola	Halvøy
Ricercatore	Forsker
Roccioso	Steinete
Scientifico	Vitenskapelig
Spedizione	Ekspedisjon
Temperatura	Temperatur
Topografia	Topografi

Antiquariato
Antikviteter

Arte	Kunst
Asta	Auksjon
Autentico	Autentisk
Collezionista	Samler
Condizione	Tilstand
Decorativo	Dekorativ
Elegante	Elegant
Galleria	Galleri
Insolito	Uvanlig
Investimento	Investering
Mobilio	Møbler
Monete	Mynter
Prezzo	Pris
Qualità	Kvalitet
Restauro	Restaurering
Scultura	Skulptur
Secolo	Århundre
Stile	Stil
Valore	Verdi
Vecchio	Gammel

Api
Bier

Ali	Vinger
Alveare	Bikube
Benefico	Gunstig
Cera	Voks
Cibo	Mat
Diversità	Mangfold
Ecosistema	Økosystem
Fiori	Blomster
Fiorire	Blomstre
Frutta	Frukt
Fumo	Røyk
Giardino	Hage
Habitat	Habitat
Insetto	Insekt
Miele	Honning
Piante	Planter
Polline	Pollen
Regina	Dronning
Sciame	Sverm
Sole	Sol

Archeologia
Arkeologi

Analisi	Analyse
Antichità	Antikken
Ceramica	Keramikk
Civiltà	Sivilisasjon
Dimenticato	Glemt
Discendente	Etterkommer
Era	Æra
Esperto	Ekspert
Fossile	Fossilt
Mistero	Mysterium
Oggetti	Objekter
Ossa	Bein
Professore	Professor
Reliquia	Relikvie
Ricercatore	Forsker
Sconosciuto	Ukjent
Squadra	Team
Tempio	Tempel
Tomba	Grav
Valutazione	Vurdering

Arte
Kunst

Ceramica	Keramisk
Complesso	Kompleks
Composizione	Sammensetning
Creare	Skape
Dipinti	Malerier
Espressione	Uttrykk
Figura	Figur
Ispirato	Inspirert
Onesto	Ærlig
Originale	Original
Personale	Personlig
Poesia	Poesi
Ritrarre	Skildre
Scultura	Skulptur
Semplice	Enkel
Simbolo	Symbol
Soggetto	Emne
Surrealismo	Surrealisme
Umore	Humør
Visivo	Visuell

Arti Visive
Bildende Kunst

Architettura	Arkitektur
Argilla	Leire
Artista	Artist
Capolavoro	Mesterverk
Carbone	Kull
Cavalletto	Staffeli
Cera	Voks
Ceramica	Keramikk
Composizione	Sammensetning
Creatività	Kreativitet
Film	Film
Fotografia	Fotografi
Gesso	Kritt
Matita	Blyant
Penna	Penn
Prospettiva	Perspektiv
Ritratto	Portrett
Scultura	Skulptur
Stampino	Sjablong
Vernice	Lakk

Astronomia
Astronomi

Asteroide	Asteroide
Astronauta	Astronaut
Astronomo	Astronom
Cielo	Himmel
Cosmo	Kosmos
Costellazione	Konstellasjon
Equinozio	Equinox
Galassia	Galaxy
Gravità	Tyngdekraft
Luna	Måne
Meteora	Meteor
Nebulosa	Stjernetåke
Osservatorio	Observatorium
Pianeta	Planet
Radiazione	Stråling
Razzo	Rakett
Supernova	Supernova
Telescopio	Teleskop
Terra	Jord
Universo	Univers

Attività
Aktiviteter

Abilità	Ferdighet
Arte	Kunst
Artigianato	Håndverk
Attività	Aktivitet
Caccia	Jakt
Campeggio	Camping
Ceramica	Keramikk
Cucire	Sy
Danza	Dans
Escursioni	Fotturer
Fotografia	Fotografering
Giardinaggio	Hagearbeid
Giochi	Spill
Interessi	Interesser
Lettura	Lesing
Magia	Magi
Pesca	Fiske
Piacere	Glede
Rilassamento	Avslapning
Tempo Libero	Fritid

Attività Commerciale
Forretninger

Bilancio	Budsjett
Carriera	Karriere
Costo	Koste
Datore di Lavoro	Arbeidsgiver
Dipendente	Ansatt
Economia	Økonomi
Fabbrica	Fabrikk
Finanza	Finans
Investimento	Investering
Merce	Handelsvarer
Negozio	Butikk
Profitto	Profitt
Reddito	Inntekt
Sconto	Rabatt
Società	Selskap
Soldi	Penger
Transazione	Transaksjon
Ufficio	Kontor
Valuta	Valuta
Vendita	Salg

Attività e Tempo Libero
Aktiviteter og Fritid

Arte	Kunst
Baseball	Baseball
Basket	Basketball
Boxe	Boksing
Calcio	Fotball
Campeggio	Camping
Escursioni	Fotturer
Giardinaggio	Hagearbeid
Golf	Golf
Immersione	Dykking
Nuoto	Svømming
Pallavolo	Volleyball
Pesca	Fiske
Pittura	Maleri
Rilassante	Avslappende
Shopping	Shopping
Surf	Surfing
Tennis	Tennis
Viaggio	Reise

Avventura
Eventyr

Amici	Venner
Attività	Aktivitet
Bellezza	Skjønnhet
Caso	Sjanse
Destinazione	Destinasjon
Difficoltà	Vanskelighet
Entusiasmo	Entusiasme
Escursione	Utflukt
Gioia	Glede
Insolito	Uvanlig
Itinerario	Reiserute
Natura	Natur
Navigazione	Navigasjon
Nuovo	Ny
Opportunità	Mulighet
Pericoloso	Farlig
Preparazione	Forberedelse
Sfide	Utfordringer
Sicurezza	Sikkerhet
Viaggi	Reiser

Balletto
Ballett

Abilità	Ferdighet
Applauso	Applaus
Artistico	Kunstnerisk
Ballerina	Ballerina
Ballerini	Dansere
Compositore	Komponist
Coreografia	Koreografi
Espressivo	Uttrykksfull
Gesto	Gest
Grazioso	Grasiøs
Intensità	Intensitet
Muscoli	Muskler
Musica	Musikk
Orchestra	Orkester
Pratica	Praksis
Prova	Øving
Pubblico	Publikum
Ritmo	Rytme
Stile	Stil
Tecnica	Teknikk

Barbecue
Grilling

Caldo	Varmt
Cena	Middag
Cibo	Mat
Cipolle	Løk
Coltelli	Kniver
Estate	Sommer
Fame	Sult
Famiglia	Familie
Frutta	Frukt
Giochi	Spill
Griglia	Grille
Insalate	Salater
Invito	Invitasjon
Musica	Musikk
Pepe	Pepper
Pollo	Kylling
Pomodori	Tomater
Pranzo	Lunsj
Sale	Salt
Salsa	Saus

Bellezza
Skjønnhet

Colore	Farge
Cosmetici	Kosmetikk
Elegante	Elegant
Eleganza	Eleganse
Fascino	Sjarm
Forbici	Saks
Fotogenico	Fotogen
Fragranza	Duft
Grazia	Nåde
Liscio	Glatt
Mascara	Mascara
Oli	Oljer
Pelle	Hud
Prodotti	Produkter
Riccioli	Krøller
Rossetto	Leppestift
Servizi	Tjenester
Shampoo	Sjampo
Specchio	Speil
Stilista	Stylist

Biologia
Biologi

Anatomia	Anatomi
Batteri	Bakterie
Cellula	Celle
Collagene	Kollagen
Cromosoma	Kromosom
Embrione	Embryo
Enzima	Enzym
Evoluzione	Evolusjon
Fotosintesi	Fotosyntese
Mammifero	Pattedyr
Mutazione	Mutasjon
Naturale	Naturlig
Nervo	Nerve
Neurone	Nevron
Ormone	Hormon
Osmosi	Osmose
Proteina	Protein
Rettile	Reptil
Simbiosi	Symbiose
Sinapsi	Synapse

Campeggio
Camping

Alberi	Trær
Amaca	Hengekøye
Animali	Dyr
Avventura	Eventyr
Bussola	Kompass
Cabina	Hytte
Caccia	Jakt
Canoa	Kano
Cappello	Hatt
Corda	Tau
Divertimento	Moro
Foresta	Skog
Fuoco	Brann
Insetto	Insekt
Lago	Innsjø
Luna	Måne
Mappa	Kart
Montagna	Fjell
Natura	Natur
Tenda	Telt

Casa
Hus

Attico	Loft
Biblioteca	Bibliotek
Camera	Rom
Camino	Peis
Chiavi	Nøkler
Cucina	Kjøkken
Doccia	Dusj
Finestra	Vindu
Garage	Garasje
Giardino	Hage
Lampada	Lampe
Parete	Vegg
Pavimento	Gulv
Porta	Dør
Recinto	Gjerde
Rubinetto	Kran
Scopa	Kost
Specchio	Speil
Tappeto	Teppe
Tetto	Tak

Chimica
Kjemi

Acido	Syre
Alcalino	Alkalisk
Atomico	Atom
Calore	Varme
Carbonio	Karbon
Catalizzatore	Katalysator
Cloro	Klor
Elettrone	Elektron
Enzima	Enzym
Gas	Gass
Idrogeno	Hydrogen
Ione	Ion
Liquido	Væske
Molecola	Molekyl
Nucleare	Nukleær
Organico	Organisk
Ossigeno	Oksygen
Peso	Vekt
Sale	Salt
Temperatura	Temperatur

Cibo #1
Mat #1

Aglio	Hvitløk
Basilico	Basilikum
Cannella	Kanel
Carne	Kjøtt
Carota	Gulrot
Cipolla	Løk
Fragola	Jordbær
Insalata	Salat
Latte	Melk
Limone	Sitron
Menta	Mynte
Orzo	Bygg
Pera	Pære
Rapa	Nepe
Sale	Salt
Spinaci	Spinat
Succo	Juice
Tonno	Tunfisk
Torta	Kake
Zucchero	Sukker

Cibo #2
Mat #2

Banana	Banan
Broccolo	Brokkoli
Ciliegia	Kirsebær
Cioccolato	Sjokolade
Formaggio	Ost
Fungo	Sopp
Grano	Hvete
Kiwi	Kiwi
Mela	Eple
Melanzana	Aubergine
Pane	Brød
Pesce	Fisk
Pollo	Kylling
Pomodoro	Tomat
Prosciutto	Skinke
Riso	Ris
Sedano	Selleri
Uovo	Egg
Uva	Drue
Yogurt	Yoghurt

Città
Byen

Aeroporto	Flyplassen
Banca	Bank
Biblioteca	Bibliotek
Cinema	Kino
Clinica	Klinikk
Farmacia	Apotek
Galleria	Galleri
Hotel	Hotell
Libreria	Bokhandel
Mercato	Marked
Museo	Museum
Negozio	Butikk
Panetteria	Bakeri
Ristorante	Restaurant
Scuola	Skole
Stadio	Stadion
Supermercato	Supermarked
Teatro	Teater
Università	Universitet
Zoo	Dyrehage

Corpo Umano
Menneskekroppen

Bocca	Munn
Caviglia	Ankel
Cervello	Hjerne
Collo	Hals
Cuore	Hjerte
Dito	Finger
Faccia	Ansikt
Gamba	Bein
Ginocchio	Kne
Gomito	Albue
Mano	Hånd
Mento	Hake
Naso	Nese
Occhio	Øye
Orecchio	Øre
Pelle	Hud
Sangue	Blod
Spalla	Skulder
Stomaco	Mage
Testa	Hode

Creatività
Kreativitet

Abilità	Ferdighet
Artistico	Kunstnerisk
Autenticità	Autentisitet
Chiarezza	Klarhet
Drammatico	Dramatisk
Emozioni	Følelser
Espressione	Uttrykk
Fluidità	Flyt
Idee	Ideer
Immaginazione	Fantasi
Immagine	Bilde
Impressione	Inntrykk
Intensità	Intensitet
Intuizione	Intuisjon
Inventivo	Oppfinnsom
Ispirazione	Inspirasjon
Sensazione	Følelse
Spontaneo	Spontan
Visioni	Visjoner
Vitalità	Vitalitet

Cucina
Kjøkken

Bacchette	Spisepinner
Bollitore	Kjele
Brocca	Mugge
Cibo	Mat
Ciotola	Bolle
Coltelli	Kniver
Congelatore	Fryser
Cucchiai	Skjeer
Forchette	Gafler
Forno	Ovn
Frigorifero	Kjøleskap
Grembiule	Forkle
Griglia	Grille
Mestolo	Øse
Ricetta	Oppskrift
Spezie	Krydder
Spugna	Svamp
Tazze	Kopper
Tovagliolo	Serviett
Vaso	Krukke

Danza
Danse

Accademia	Akademi
Arte	Kunst
Classico	Klassisk
Compagno	Samboer
Coreografia	Koreografi
Corpo	Kropp
Cultura	Kultur
Culturale	Kulturell
Emozione	Følelse
Espressivo	Uttrykksfull
Gioioso	Gledelig
Grazia	Nåde
Movimento	Bevegelse
Musica	Musikk
Postura	Holdning
Prova	Øving
Ritmo	Rytme
Salto	Hoppe
Tradizionale	Tradisjonell
Visivo	Visuell

Diplomazia
Diplomati

Ambasciata	Ambassade
Ambasciatore	Ambassadør
Cittadini	Borgere
Civico	Civic
Comunità	Samfunnet
Conflitto	Konflikt
Consigliere	Rådgiver
Cooperazione	Samarbeid
Diplomatico	Diplomatisk
Discussione	Diskusjon
Etica	Etikk
Giustizia	Rettferdighet
Governo	Regjering
Integrità	Integritet
Politica	Politikk
Risoluzione	Vedtak
Sicurezza	Sikkerhet
Soluzione	Løsning
Trattato	Traktat
Umanitario	Humanitær

Discipline Scientifiche
Vitenskapelige Disipliner

Anatomia	Anatomi
Archeologia	Arkeologi
Astronomia	Astronomi
Biochimica	Biokjemi
Biologia	Biologi
Botanica	Botanikk
Chimica	Kjemi
Ecologia	Økologi
Fisiologia	Fysiologi
Geologia	Geologi
Immunologia	Immunologi
Linguistica	Lingvistikk
Meccanica	Mekanikk
Meteorologia	Meteorologi
Mineralogia	Mineralogi
Neurologia	Nevrologi
Psicologia	Psykologi
Sociologia	Sosiologi
Termodinamica	Termodynamikk
Zoologia	Zoologi

Ecologia
Økologi

Clima	Klima
Comunità	Samfunn
Diversità	Mangfold
Fauna	Fauna
Flora	Flora
Globale	Global
Habitat	Habitat
Marino	Marine
Montagne	Fjell
Natura	Natur
Naturale	Naturlig
Palude	Myr
Piante	Planter
Risorse	Ressurser
Siccità	Tørke
Sopravvivenza	Overlevelse
Sostenibile	Bærekraftig
Specie	Art
Vegetazione	Vegetasjon
Volontari	Frivillige

Edifici
Bygningsmasse

Ambasciata	Ambassade
Appartamento	Leilighet
Cabina	Hytte
Castello	Slott
Cinema	Kino
Fabbrica	Fabrikk
Fienile	Låve
Hotel	Hotell
Laboratorio	Laboratorium
Museo	Museum
Ospedale	Sykehus
Osservatorio	Observatorium
Ostello	Herberge
Scuola	Skole
Stadio	Stadion
Supermercato	Supermarked
Teatro	Teater
Tenda	Telt
Torre	Tårn
Università	Universitet

Elettricità
Elektrisitet

Attrezzatura	Utstyr
Batteria	Batteri
Cavo	Kabel
Conservazione	Lagring
Elettricista	Elektriker
Elettrico	Elektrisk
Fili	Ledninger
Generatore	Generator
Lampada	Lampe
Lampadina	Pære
Laser	Laser
Magnete	Magnet
Negativo	Negativ
Oggetti	Objekter
Positivo	Positiv
Presa	Stikkontakt
Quantità	Mengde
Rete	Nettverk
Telefono	Telefon
Televisione	Tv

Emozioni
Følelser

Amore	Kjærlighet
Beatitudine	Lykksalighet
Calma	Rolig
Contenuto	Innhold
Gentilezza	Vennlighet
Gioia	Glede
Grato	Takknemlig
Imbarazzato	Flau
Noia	Kjedsomhet
Pace	Fred
Paura	Frykt
Rabbia	Sinne
Rilassato	Avslappet
Rilievo	Lettelse
Simpatia	Sympati
Soddisfatto	Fornøyd
Sorpresa	Overraskelse
Tenerezza	Ømhet
Tranquillità	Ro
Tristezza	Tristhet

Energia
Energi

Ambiente	Miljø
Batteria	Batteri
Benzina	Bensin
Calore	Varme
Carbonio	Karbon
Carburante	Brensel
Diesel	Diesel
Elettrico	Elektrisk
Elettrone	Elektron
Entropia	Entropi
Fotone	Foton
Idrogeno	Hydrogen
Industria	Industri
Inquinamento	Forurensing
Motore	Motor
Nucleare	Nukleær
Rinnovabile	Fornybar
Turbina	Turbin
Vapore	Damp
Vento	Vind

Erboristeria
Urtemedisin

Aglio	Hvitløk
Aneto	Dill
Aromatico	Aromatisk
Basilico	Basilikum
Culinario	Kulinarisk
Dragoncello	Estragon
Finocchio	Fennikel
Fiore	Blomst
Giardino	Hage
Ingrediente	Ingrediens
Lavanda	Lavendel
Maggiorana	Marjoram
Menta	Mynte
Origano	Oregano
Prezzemolo	Persille
Qualità	Kvalitet
Rosmarino	Rosmarin
Timo	Timian
Verde	Grønn
Zafferano	Safran

Escursionismo
Vandring

Acqua	Vann
Animali	Dyr
Campeggio	Camping
Clima	Klima
Mappa	Kart
Montagna	Fjell
Natura	Natur
Orientamento	Orientering
Parchi	Parker
Pericoli	Farer
Pesante	Tung
Pietre	Steiner
Preparazione	Forberedelse
Scogliera	Klippe
Selvaggio	Vill
Sole	Sol
Stanco	Trøtt
Stivali	Støvler
Vertice	Toppmøte
Zanzare	Mygg

Fantascienza
Science Fiction

Atomico	Atom
Cinema	Kino
Distopia	Dystopi
Esplosione	Eksplosjon
Estremo	Ekstrem
Fantastico	Fantastisk
Fuoco	Brann
Futuristico	Futuristisk
Galassia	Galaxy
Illusione	Illusjon
Immaginario	Innbilt
Libri	Bøker
Misterioso	Mystisk
Mondo	Verden
Oracolo	Orakel
Pianeta	Planet
Realistico	Realistisk
Robot	Roboter
Tecnologia	Teknologi
Utopia	Utopi

Fattoria #1
Gården #1

Acqua	Vann
Agricoltura	Landbruk
Ape	Bie
Asino	Esel
Campo	Felt
Cane	Hund
Capra	Geit
Cavallo	Hest
Fertilizzante	Gjødsel
Fieno	Høy
Gatto	Katt
Gregge	Flokk
Maiale	Gris
Miele	Honning
Mucca	Ku
Pollo	Kylling
Recinto	Gjerde
Riso	Ris
Semi	Frø
Vitello	Kalv

Fattoria #2
Gården #2

Agnello	Lam
Agricoltore	Bonde
Alveare	Bikube
Anatra	And
Animali	Dyr
Cibo	Mat
Fienile	Låve
Frutta	Frukt
Frutteto	Frukthage
Grano	Hvete
Irrigazione	Vanning
Lama	Lama
Latte	Melk
Mais	Korn
Maturo	Moden
Orzo	Bygg
Pastore	Hyrde
Pecora	Sau
Prato	Eng
Trattore	Traktor

Filantropia
Filantropi

Bambini	Barn
Bisogno	Trenge
Carità	Veldedighet
Comunità	Samfunnet
Contatti	Kontakter
Finanza	Finans
Fondi	Midler
Generosità	Gavmildhet
Gioventù	Ungdom
Globale	Global
Gruppi	Grupper
Missione	Misjon
Obiettivi	Mål
Onestà	Ærlighet
Persone	Folk
Programmi	Programmer
Pubblico	Offentlig
Sfide	Utfordringer
Storia	Historie
Umanità	Menneskehet

Fiori
Blomster

Gardenia	Gardenia
Gelsomino	Sjasmin
Giglio	Lilje
Girasole	Solsikke
Ibisco	Hibiskus
Lavanda	Lavendel
Lilla	Lilla
Magnolia	Magnolia
Margherita	Tusenfryd
Mazzo	Bukett
Narciso	Påskelilje
Orchidea	Orkidé
Papavero	Valmue
Passiflora	Pasjonsblomst
Peonia	Peon
Petalo	Kronblad
Plumeria	Plumeria
Rosa	Rose
Trifoglio	Kløver
Tulipano	Tulipan

Fisica
Fysikk

Accelerazione	Akselerasjon
Atomo	Atom
Caos	Kaos
Chimico	Kjemisk
Densità	Tetthet
Elettrone	Elektron
Espansione	Utvidelse
Formula	Formel
Frequenza	Frekvens
Gas	Gass
Gravità	Tyngdekraft
Magnetismo	Magnetisme
Meccanica	Mekanikk
Molecola	Molekyl
Motore	Motor
Nucleare	Nukleær
Particella	Partikkel
Universale	Universell
Variabile	Variabel
Velocità	Hastighet

Foresta Pluviale
Regnskogen

Anfibi	Amfibier
Botanico	Botanisk
Clima	Klima
Comunità	Samfunnet
Diversità	Mangfold
Giungla	Jungel
Indigeno	Urfolk
Insetti	Insekter
Mammiferi	Pattedyr
Muschio	Mose
Natura	Natur
Nuvole	Skyer
Preservazione	Bevaring
Prezioso	Verdifull
Restauro	Restaurering
Rifugio	Tilflukt
Rispetto	Respekt
Sopravvivenza	Overlevelse
Specie	Art
Uccelli	Fugler

Forme
Former

Angolo	Hjørne
Arco	Bue
Bordi	Kanter
Cerchio	Sirkel
Cilindro	Sylinder
Cono	Kjegle
Cubo	Kube
Curva	Kurve
Ellisse	Ellipse
Iperbole	Hyperbola
Lato	Side
Linea	Linje
Ovale	Oval
Piramide	Pyramide
Poligono	Polygon
Prisma	Prisme
Quadrato	Torget
Rettangolo	Rektangel
Sfera	Sfære
Triangolo	Trekant

Forniture Artistiche
Kunst Forsyninger

Acqua	Vann
Acquerelli	Akvareller
Acrilico	Akryl
Argilla	Leire
Carbone	Kull
Carta	Papir
Cavalletto	Staffeli
Colla	Lim
Colori	Farger
Creatività	Kreativitet
Gomma	Viskelær
Idee	Ideer
Inchiostro	Blekk
Matite	Blyanter
Olio	Olje
Sedia	Stol
Spazzole	Børster
Tavolo	Bord
Telecamera	Kamera
Vernici	Maling

Forza e Gravità
Kraft og Gravitasjon

Asse	Akser
Attrito	Friksjon
Centro	Sentrum
Dinamico	Dynamisk
Distanza	Avstand
Espansione	Utvidelse
Fisica	Fysikk
Impatto	Innvirkning
Magnetismo	Magnetisme
Meccanica	Mekanikk
Movimento	Bevegelse
Orbita	Bane
Peso	Vekt
Pianeti	Planeter
Pressione	Press
Proprietà	Egenskaper
Scoperta	Oppdagelse
Tempo	Tid
Universale	Universell
Velocità	Hastighet

Frutta
Frukt

Albicocca	Aprikos
Ananas	Ananas
Arancia	Oransje
Avocado	Avokado
Bacca	Bær
Banana	Banan
Ciliegia	Kirsebær
Kiwi	Kiwi
Lampone	Bringebær
Limone	Sitron
Mango	Mango
Mela	Eple
Melone	Melon
Mora	Bjørnebær
Nettarina	Nektarin
Papaia	Papaya
Pera	Pære
Pesca	Fersken
Prugna	Plomme
Uva	Drue

Geografia
Geografi

Altitudine	Høyde
Atlante	Atlas
Città	By
Continente	Kontinent
Emisfero	Halvkule
Fiume	Elv
Isola	Øy
Latitudine	Breddegrad
Longitudine	Lengdegrad
Mappa	Kart
Mare	Hav
Meridiano	Meridian
Mondo	Verden
Montagna	Fjell
Nord	Nord
Ovest	Vest
Paese	Land
Regione	Region
Sud	Sør
Territorio	Territorium

Geologia
Geologi

Acido	Syre
Altopiano	Platå
Calcio	Kalsium
Caverna	Hule
Continente	Kontinent
Corallo	Korall
Cristalli	Crystal
Erosione	Erosjon
Fossile	Fossilt
Geyser	Geysir
Lava	Lava
Minerali	Mineraler
Pietra	Stein
Quarzo	Kvarts
Sale	Salt
Stalagmiti	Stalagmitter
Stalattite	Stalaktitt
Strato	Lag
Terremoto	Jordskjelv
Vulcano	Vulkan

Geometria
Geometri

Altezza	Høyde
Angolo	Vinkel
Calcolo	Beregning
Cerchio	Sirkel
Curva	Kurve
Diametro	Diameter
Dimensione	Dimensjon
Equazione	Ligning
Logica	Logikk
Mediano	Median
Numero	Nummer
Orizzontale	Horisontal
Parallelo	Parallell
Proporzione	Andel
Segmento	Segmentet
Simmetria	Symmetri
Superficie	Flate
Teoria	Teori
Triangolo	Trekant
Verticale	Vertikal

Giardinaggio
Hagearbeid

Acqua	Vann
Botanico	Botanisk
Clima	Klima
Commestibile	Spiselig
Compost	Kompost
Contenitore	Beholder
Esotico	Eksotisk
Fiorire	Blomstre
Floreale	Blomster
Foglia	Blad
Fogliame	Løvverk
Frutteto	Frukthage
Mazzo	Bukett
Semi	Frø
Specie	Art
Sporco	Skitt
Stagionale	Sesongmessig
Suolo	Jord
Tubo	Slange
Umidità	Fuktighet

Giardino
Hage

Albero	Tre
Amaca	Hengekøye
Cespuglio	Busk
Erba	Gress
Erbacce	Ugress
Fiore	Blomst
Frutteto	Frukthage
Garage	Garasje
Giardino	Hage
Pala	Spade
Panca	Benk
Prato	Plen
Rastrello	Rake
Recinto	Gjerde
Stagno	Dam
Suolo	Jord
Terrazza	Terrasse
Trampolino	Trampoline
Tubo	Slange
Vite	Vintreet

Giorni e Mesi
Dager og Måneder

Agosto	August
Anno	År
Aprile	April
Calendario	Kalender
Dicembre	Desember
Domenica	Søndag
Febbraio	Februar
Gennaio	Januar
Giugno	Juni
Luglio	Juli
Lunedì	Mandag
Martedì	Tirsdag
Mercoledì	Onsdag
Mese	Måned
Novembre	November
Ottobre	Oktober
Sabato	Lørdag
Settembre	September
Settimana	Uke
Venerdì	Fredag

Governo
Myndighetene

Capo	Leder
Civile	Sivil
Costituzione	Grunnlov
Democrazia	Demokrati
Discorso	Tale
Discussione	Diskusjon
Giudiziario	Rettslig
Giustizia	Rettferdighet
Indipendenza	Uavhengighet
Legale	Lovlig
Legge	Lov
Libertà	Frihet
Monumento	Monument
Nazionale	Nasjonal
Nazione	Nasjon
Politica	Politikk
Quartiere	Distrikt
Simbolo	Symbol
Stato	Stat
Uguaglianza	Likestilling

Guida
Kjøring

Auto	Bil
Autobus	Buss
Carburante	Brensel
Freni	Bremser
Garage	Garasje
Gas	Gass
Incidente	Ulykke
Licenza	Lisens
Mappa	Kart
Moto	Motorsykkel
Motore	Motor
Pedonale	Fotgjenger
Pericolo	Fare
Polizia	Politi
Sicurezza	Sikkerhet
Strada	Vei
Traffico	Trafikk
Trasporto	Transport
Tunnel	Tunnel
Velocità	Hastighet

I Media
Mediene

Commerciale	Kommersiell
Comunicazione	Kommunikasjon
Digitale	Digitalt
Edizione	Utgave
Educazione	Utdanning
Fatti	Fakta
Finanziamento	Finansiering
Foto	Bilder
Giornali	Aviser
Individuale	Individ
Industria	Industri
Intellettuale	Intellektuell
Locale	Lokal
Online	Online
Opinione	Mening
Pubblicità	Annonser
Pubblico	Offentlig
Radio	Radio
Rete	Nettverk
Televisione	Tv

Imbarcazioni
Båter

Albero	Mast
Ancora	Anker
Barca a Vela	Seilbåt
Boa	Bøye
Canoa	Kano
Corda	Tau
Equipaggio	Mannskap
Fiume	Elv
Kayak	Kajakk
Lago	Innsjø
Mare	Hav
Marea	Tidevann
Marinaio	Sjømann
Marittimo	Maritim
Motore	Motor
Nautico	Nautisk
Onde	Bølger
Traghetto	Ferje
Yacht	Yacht
Zattera	Flåte

Ingegneria
Teknisk

Angolo	Vinkel
Asse	Akser
Calcolo	Beregning
Costruzione	Konstruksjon
Diagramma	Diagram
Diametro	Diameter
Diesel	Diesel
Distribuzione	Distribusjon
Energia	Energi
Forza	Styrke
Leve	Spaker
Liquido	Væske
Macchina	Maskin
Misurazione	Mål
Motore	Motor
Profondità	Dybde
Propulsione	Fremdrift
Rotazione	Rotasjon
Stabilità	Stabilitet
Struttura	Struktur

Jazz
Jazz

Italiano	Norsk
Album	Album
Applauso	Applaus
Artista	Kunstner
Canzone	Sang
Compositore	Komponist
Composizione	Sammensetning
Concerto	Konsert
Enfasi	Vekt
Famoso	Berømt
Genere	Sjanger
Improvvisazione	Improvisasjon
Musica	Musikk
Nuovo	Ny
Orchestra	Orkester
Preferiti	Favoritter
Ritmo	Rytme
Stile	Stil
Talento	Talent
Tecnica	Teknikk
Vecchio	Gammel

L'Azienda
Selskapet

Italiano	Norsk
Creativo	Kreativ
Decisione	Beslutning
Globale	Global
Industria	Industri
Innovativo	Innovativ
Investimento	Investering
Occupazione	Sysselsetting
Possibilità	Mulighet
Presentazione	Presentasjon
Prodotto	Produkt
Professionale	Profesjonell
Progresso	Framgang
Qualità	Kvalitet
Reddito	Inntekter
Reputazione	Rykte
Rischi	Risiko
Risorse	Ressurser
Salari	Lønn
Tendenze	Trender
Unità	Enheter

Letteratura
Litteratur

Italiano	Norsk
Analisi	Analyse
Analogia	Analogi
Aneddoto	Anekdote
Autore	Forfatter
Biografia	Biografi
Conclusione	Konklusjon
Confronto	Sammenligning
Descrizione	Beskrivelse
Dialogo	Dialog
Genere	Sjanger
Metafora	Metafor
Opinione	Mening
Poesia	Dikt
Poetico	Poetisk
Rima	Rim
Ritmo	Rytme
Romanzo	Roman
Stile	Stil
Tema	Tema
Tragedia	Tragedie

Libri
Reserve

Italiano	Norsk
Autore	Forfatter
Avventura	Eventyr
Collezione	Samling
Contesto	Kontekst
Dualità	Dualitet
Epico	Episk
Inventivo	Oppfinnsom
Letterario	Litterær
Lettore	Leser
Narratore	Forteller
Pagina	Side
Poesia	Poesi
Rilevante	Aktuell
Romanzo	Roman
Scritto	Skrevet
Serie	Serie
Storia	Historie
Storico	Historisk
Tragico	Tragisk
Umoristico	Humoristisk

Malattia
Sykdom

Italiano	Norsk
Acuto	Akutt
Allergie	Allergi
Batterico	Bakteriell
Benessere	Velvære
Contagioso	Smittsom
Corpo	Kropp
Cronico	Kronisk
Cuore	Hjerte
Debole	Svak
Ereditario	Arvelig
Genetico	Genetisk
Immunità	Immunitet
Infiammazione	Betennelse
Lombare	Lumbar
Neuropatia	Nevropati
Polmonare	Lunge
Respiratorio	Luftveiene
Salute	Helse
Sindrome	Syndrom
Terapia	Terapi

Mammiferi
Pattedyr

Balena	Hval
Cane	Hund
Canguro	Kenguru
Cavallo	Hest
Cervo	Hjort
Coniglio	Kanin
Coyote	Prærieulv
Delfino	Delfin
Elefante	Elefant
Gatto	Katt
Giraffa	Sjiraff
Gorilla	Gorilla
Leone	Løve
Lupo	Ulv
Orso	Bjørn
Pecora	Sau
Scimmia	Ape
Toro	Okse
Volpe	Rev
Zebra	Sebra

Matematica
Matematikk

Angoli	Vinkler
Aritmetica	Aritmetikk
Decimale	Desimal
Diametro	Diameter
Divisione	Divisjon
Equazione	Ligning
Esponente	Eksponent
Frazione	Brøkdel
Geometria	Geometri
Parallelo	Parallell
Perimetro	Omkrets
Poligono	Polygon
Quadrato	Torget
Raggio	Radius
Rettangolo	Rektangel
Sfera	Sfære
Simmetria	Symmetri
Somma	Sum
Triangolo	Trekant
Volume	Volum

Meditazione
Meditasjon

Accettazione	Aksept
Attenzione	Oppmerksomhet
Calma	Rolig
Chiarezza	Klarhet
Compassione	Medfølelse
Emozioni	Følelser
Gentilezza	Vennlighet
Gratitudine	Takknemlighet
Mentale	Mental
Mente	Sinn
Movimento	Bevegelse
Musica	Musikk
Natura	Natur
Osservazione	Observasjon
Pace	Fred
Pensieri	Tanker
Postura	Holdning
Prospettiva	Perspektiv
Respirazione	Puste
Silenzio	Stillhet

Meteo
Været

Arcobaleno	Regnbue
Asciutto	Tørr
Atmosfera	Atmosfære
Brezza	Bris
Cielo	Himmel
Clima	Klima
Fulmine	Lyn
Ghiaccio	Is
Monsone	Monsun
Nebbia	Tåke
Nube	Sky
Polare	Polar
Siccità	Tørke
Temperatura	Temperatur
Tempesta	Storm
Tornado	Tornado
Tropicale	Tropisk
Tuono	Torden
Uragano	Orkan
Vento	Vind

Misurazioni
Målinger

Altezza	Høyde
Byte	Byte
Centimetro	Centimeter
Chilogrammo	Kilo
Chilometro	Kilometer
Decimale	Desimal
Grado	Grad
Grammo	Gram
Larghezza	Bredde
Litro	Liter
Lunghezza	Lengde
Metro	Meter
Minuto	Minutt
Oncia	Unse
Peso	Vekt
Pinta	Halvliter
Pollice	Tomme
Profondità	Dybde
Tonnellata	Tonn
Volume	Volum

Mitologia
Mytologi

Archetipo	Arketype
Comportamento	Oppførsel
Creatura	Skapning
Creazione	Skapelse
Credenze	Tro
Cultura	Kultur
Disastro	Katastrofe
Eroe	Helt
Forza	Styrke
Fulmine	Lyn
Gelosia	Sjalusi
Guerriero	Kriger
Immortalità	Udødelighet
Labirinto	Labyrint
Leggenda	Legende
Magico	Magisk
Mortale	Dødelig
Mostro	Monster
Tuono	Torden
Vendetta	Hevn

Moda
Mote

Abbigliamento	Klær
Boutique	Boutique
Caro	Dyrt
Confortevole	Komfortabel
Elegante	Elegant
Minimalista	Minimalistisk
Modello	Mønster
Moderno	Moderne
Modesto	Beskjeden
Originale	Original
Pizzo	Blonder
Pratico	Praktisk
Pulsanti	Knapper
Ricamo	Broderi
Semplice	Enkel
Sofisticato	Sofistikert
Stile	Stil
Tendenza	Trend
Tessuto	Stoff
Trama	Tekstur

Musica
Musikk

Album	Album
Armonia	Harmoni
Armonico	Harmonisk
Ballata	Ballade
Cantante	Sanger
Cantare	Synge
Classico	Klassisk
Coro	Kor
Lirico	Lyrisk
Melodia	Melodi
Microfono	Mikrofon
Musicale	Musikalsk
Musicista	Musiker
Opera	Opera
Poetico	Poetisk
Registrazione	Innspilling
Ritmico	Rytmisk
Ritmo	Rytme
Strumento	Instrument
Vocale	Vokal

Natura
Naturen

Animali	Dyr
Api	Bier
Artico	Arktisk
Bellezza	Skjønnhet
Deserto	Ørken
Dinamico	Dynamisk
Erosione	Erosjon
Fiume	Elv
Fogliame	Løvverk
Foresta	Skog
Ghiacciaio	Isbre
Montagne	Fjell
Nebbia	Tåke
Nuvole	Skyer
Rifugio	Ly
Santuario	Helligdom
Selvaggio	Vill
Sereno	Rolig
Tropicale	Tropisk
Vitale	Viktig

Numeri
Antall

Cinque	Fem
Decimale	Desimal
Diciannove	Nitten
Diciassette	Sytten
Diciotto	Atten
Dieci	Ti
Dodici	Tolv
Due	To
Nove	Ni
Otto	Åtte
Quattordici	Fjorten
Quattro	Fire
Quindici	Femten
Sedici	Seksten
Sei	Seks
Sette	Syv
Tre	Tre
Tredici	Tretten
Venti	Tjue
Zero	Null

Nutrizione
Ernæring

Amaro	Bitter
Appetito	Appetitt
Bilanciato	Balansert
Calorie	Kalorier
Carboidrati	Karbohydrater
Commestibile	Spiselig
Dieta	Diett
Digestione	Fordøyelse
Fermentazione	Gjæring
Liquidi	Væsker
Nutriente	Næringsstoff
Peso	Vekt
Proteine	Proteiner
Qualità	Kvalitet
Salsa	Saus
Salute	Helse
Sano	Sunn
Spezie	Krydder
Tossina	Gift
Vitamina	Vitamin

Oceano
Havet

Anguilla	Ål
Balena	Hval
Barca	Båt
Corallo	Korall
Delfino	Delfin
Gamberetto	Reke
Granchio	Krabbe
Maree	Tidevann
Medusa	Manet
Onde	Bølger
Ostrica	Østers
Pesce	Fisk
Polpo	Blekksprut
Sale	Salt
Scogliera	Rev
Spugna	Svamp
Squalo	Hai
Tartaruga	Skilpadde
Tempesta	Storm
Tonno	Tunfisk

Paesaggi
Landskap

Cascata	Foss
Collina	Ås
Deserto	Ørken
Dune	Sanddynene
Fiume	Elv
Geyser	Geysir
Ghiacciaio	Isbre
Grotta	Hule
Iceberg	Isfjell
Isola	Øy
Lago	Innsjø
Mare	Hav
Montagna	Fjell
Oasi	Oase
Palude	Sump
Penisola	Halvøy
Spiaggia	Strand
Tundra	Tundra
Valle	Dal
Vulcano	Vulkan

Paesi #1
Land #1

Brasile	Brasil
Cambogia	Kambodsja
Canada	Canada
Egitto	Egypt
Finlandia	Finland
Germania	Tyskland
India	India
Iraq	Irak
Israele	Israel
Libia	Libya
Mali	Mali
Marocco	Marokko
Norvegia	Norge
Panama	Panama
Polonia	Polen
Romania	Romania
Senegal	Senegal
Spagna	Spania
Venezuela	Venezuela
Vietnam	Vietnam

Paesi #2
Land #2

Albania	Albania
Danimarca	Danmark
Etiopia	Etiopia
Giamaica	Jamaica
Giappone	Japan
Grecia	Hellas
Haiti	Haiti
Indonesia	Indonesia
Irlanda	Irland
Laos	Laos
Liberia	Liberia
Messico	Mexico
Nepal	Nepal
Nigeria	Nigeria
Pakistan	Pakistan
Russia	Russland
Siria	Syria
Sudan	Sudan
Ucraina	Ukraina
Uganda	Uganda

Piante
Planter

Albero	Tre
Bacca	Bær
Bambù	Bambus
Botanica	Botanikk
Cactus	Kaktus
Cespuglio	Busk
Crescere	Vokse
Edera	Eføy
Erba	Gress
Fagiolo	Bønne
Fertilizzante	Gjødsel
Fiore	Blomst
Flora	Flora
Fogliame	Løvverk
Foresta	Skog
Giardino	Hage
Muschio	Mose
Petalo	Kronblad
Radice	Rot
Vegetazione	Vegetasjon

Professioni #1
Yrker # 1

Allenatore	Trener
Ambasciatore	Ambassadør
Artista	Kunstner
Astronomo	Astronom
Avvocato	Advokat
Ballerino	Danser
Banchiere	Bankier
Cacciatore	Jeger
Cartografo	Kartograf
Editore	Redaktør
Farmacista	Farmasøyt
Geologo	Geolog
Gioielliere	Gullsmed
Idraulico	Rørlegger
Infermiera	Sykepleier
Musicista	Musiker
Pianista	Pianist
Psicologo	Psykolog
Scienziato	Forsker
Veterinario	Veterinær

Professioni #2
Yrker # 2

Astronauta	Astronaut
Bibliotecario	Bibliotekar
Biologo	Biolog
Chirurgo	Kirurg
Dentista	Tannlege
Filosofo	Filosof
Fotografo	Fotograf
Giardiniere	Gartner
Giornalista	Journalist
Illustratore	Illustratør
Ingegnere	Ingeniør
Insegnante	Lærer
Inventore	Oppfinner
Investigatore	Etterforsker
Linguista	Lingvist
Medico	Lege
Pilota	Pilot
Pittore	Maler
Ricercatore	Forsker
Zoologo	Zoolog

Psicologia
Psykologi

Appuntamento	Avtale
Clinico	Klinisk
Cognizione	Kognisjon
Comportamento	Oppførsel
Conflitto	Konflikt
Ego	Ego
Emozioni	Følelser
Esperienze	Erfaringer
Idee	Ideer
Inconscio	Bevisstløs
Infanzia	Barndom
Influenze	Påvirkninger
Pensieri	Tanker
Percezione	Oppfatning
Personalità	Personlighet
Problema	Problem
Realtà	Virkelighet
Sensazione	Følelse
Terapia	Terapi
Valutazione	Vurdering

Riscaldamento Globale
Global Oppvarming

Ambientale	Miljø
Artico	Arktisk
Attenzione	Oppmerksomhet
Clima	Klima
Conseguenze	Konsekvenser
Crisi	Krise
Dati	Data
Energia	Energi
Futuro	Fremtid
Gas	Gass
Generazioni	Generasjoner
Governo	Regjering
Habitat	Habitater
Industria	Industri
Internazionale	Internasjonal
Legislazione	Lovgivning
Ora	Nå
Scienziato	Forsker
Sviluppo	Utvikling
Temperature	Temperaturer

Ristorante #2
Restaurant # 2

Acqua	Vann
Aperitivo	Forrett
Bevanda	Drikk
Cameriere	Kelner
Cena	Middag
Cucchiaio	Skje
Delizioso	Deilig
Forchetta	Gaffel
Frutta	Frukt
Ghiaccio	Is
Insalata	Salat
Minestra	Suppe
Pesce	Fisk
Pranzo	Lunsj
Sale	Salt
Sedia	Stol
Spezie	Krydder
Torta	Kake
Uova	Egg
Verdure	Grønnsaker

Salute e Benessere #1
Helse og Velvære #1

Abitudine	Vane
Altezza	Høyde
Attivo	Aktiv
Batteri	Bakterie
Clinica	Klinikk
Fame	Sult
Farmacia	Apotek
Frattura	Brudd
Medicina	Medisin
Medico	Lege
Muscoli	Muskler
Nervi	Nerver
Ormoni	Hormoner
Pelle	Hud
Postura	Holdning
Riflesso	Refleks
Rilassamento	Avslapning
Terapia	Terapi
Trattamento	Behandling
Virus	Virus

Salute e Benessere #2
Helse og Velvære #2

Allergia	Allergi
Anatomia	Anatomi
Appetito	Appetitt
Caloria	Kalori
Corpo	Kropp
Dieta	Diett
Digestione	Fordøyelse
Disidratazione	Dehydrering
Energia	Energi
Genetica	Genetikk
Igiene	Hygiene
Infezione	Infeksjon
Malattia	Sykdom
Massaggio	Massasje
Nutrizione	Ernæring
Ospedale	Sykehus
Peso	Vekt
Sangue	Blod
Sano	Sunn
Vitamina	Vitamin

Scienza
Vitenskap

Atomo	Atom
Chimico	Kjemisk
Clima	Klima
Dati	Data
Esperimento	Eksperiment
Evoluzione	Evolusjon
Fatto	Faktum
Fisica	Fysikk
Fossile	Fossilt
Gravità	Tyngdekraft
Ipotesi	Hypotese
Laboratorio	Laboratorium
Metodo	Metode
Minerali	Mineraler
Molecole	Molekyler
Natura	Natur
Organismo	Organisme
Osservazione	Observasjon
Particelle	Partikler
Scienziato	Forsker

Spezie
Krydder

Aglio	Hvitløk
Amaro	Bitter
Anice	Anis
Cannella	Kanel
Cardamomo	Kardemomme
Cipolla	Løk
Coriandolo	Koriander
Cumino	Spisskummen
Curcuma	Gurkemeie
Curry	Karri
Dolce	Søt
Finocchio	Fennikel
Liquirizia	Lakris
Noce Moscata	Muskat
Paprika	Paprika
Pepe	Pepper
Sale	Salt
Vaniglia	Vanilje
Zafferano	Safran
Zenzero	Ingefær

Strumenti Musicali
Musikkinstrumenter

Armonica	Munnspill
Arpa	Harpe
Banjo	Banjo
Chitarra	Gitar
Clarinetto	Klarinett
Fagotto	Fagott
Flauto	Fløyte
Gong	Gong
Mandolino	Mandolin
Marimba	Marimba
Oboe	Obo
Percussione	Perkusjon
Pianoforte	Piano
Sassofono	Saksofon
Tamburello	Tamburin
Tamburo	Tromme
Tromba	Trompet
Trombone	Trombone
Violino	Fiolin
Violoncello	Cello

Tempo
Tid

Anno	År
Annuale	Årlig
Calendario	Kalender
Decennio	Tiår
Dopo	Etter
Futuro	Fremtid
Giorno	Dag
Ieri	I Går
Mattina	Morgen
Mese	Måned
Mezzogiorno	Middagstid
Minuto	Minutt
Notte	Natt
Oggi	I Dag
Ora	Time
Orologio	Klokke
Presto	Snart
Prima	Før
Secolo	Århundre
Settimana	Uke

Tipi di Capelli
Hårtyper

Argento	Sølv
Asciutto	Tørr
Bianco	Hvit
Biondo	Blond
Breve	Kort
Calvo	Skallet
Colorato	Farget
Grigio	Grå
Intrecciato	Flettet
Liscio	Glatt
Lungo	Lang
Marrone	Brun
Morbido	Myk
Nero	Svart
Riccio	Krøllet
Riccioli	Krøller
Sano	Sunn
Sottile	Tynn
Spessore	Tykk
Trecce	Fletter

Uccelli
Fugler

Airone	Hegre
Anatra	And
Aquila	Ørn
Cicogna	Stork
Cigno	Svanen
Cuculo	Gjøk
Falco	Hauk
Fenicottero	Flamingo
Gabbiano	Måke
Oca	Gås
Pappagallo	Papegøye
Passero	Spurv
Pavone	Påfugl
Pellicano	Pelikan
Piccione	Due
Pinguino	Pingvin
Pollo	Kylling
Struzzo	Struts
Tucano	Toucan
Uovo	Egg

Universo
Universet

Asteroide	Asteroide
Astronomia	Astronomi
Astronomo	Astronom
Atmosfera	Atmosfære
Buio	Mørke
Celeste	Himmelsk
Cielo	Himmel
Cosmico	Kosmisk
Emisfero	Halvkule
Galassia	Galaxy
Latitudine	Breddegrad
Longitudine	Lengdegrad
Luna	Måne
Orbita	Bane
Orizzonte	Horisont
Solare	Solar
Solstizio	Solverv
Telescopio	Teleskop
Visibile	Synlig
Zodiaco	Dyrekretsen

Vacanze #2
Ferie # 2

Aeroporto	Flyplassen
Campeggio	Camping
Destinazione	Destinasjon
Foto	Bilder
Hotel	Hotell
Isola	Øy
Mappa	Kart
Mare	Hav
Passaporto	Pass
Ristorante	Restaurant
Spiaggia	Strand
Straniero	Utlending
Taxi	Taxi
Tempo Libero	Fritid
Tenda	Telt
Trasporto	Transport
Treno	Tog
Vacanza	Ferie
Viaggio	Reise
Visto	Visum

Veicoli
Kjøretøy

Aereo	Fly
Ambulanza	Ambulanse
Auto	Bil
Autobus	Buss
Barca	Båt
Bicicletta	Sykkel
Camion	Lastebil
Caravan	Campingvogn
Elicottero	Helikopter
Metropolitana	T
Motore	Motor
Pneumatici	Dekk
Razzo	Rakett
Scooter	Scooter
Sottomarino	Undervannsbåt
Taxi	Taxi
Traghetto	Ferje
Trattore	Traktor
Treno	Tog
Zattera	Flåte

Verdure
Grønnsaker

Aglio	Hvitløk
Broccolo	Brokkoli
Carciofo	Artisjokk
Carota	Gulrot
Cetriolo	Agurk
Cipolla	Løk
Fungo	Sopp
Insalata	Salat
Melanzana	Aubergine
Patata	Potet
Pisello	Ert
Pomodoro	Tomat
Prezzemolo	Persille
Rapa	Nepe
Ravanello	Reddik
Scalogno	Sjalottløk
Sedano	Selleri
Spinaci	Spinat
Zenzero	Ingefær
Zucca	Gresskar

Vestiti
Klær

Abito	Kjole
Braccialetto	Armbånd
Camicetta	Bluse
Camicia	Skjorte
Cappello	Hatt
Cappotto	Frakk
Cintura	Belte
Collana	Halskjede
Giacca	Jakke
Gonna	Skjørt
Grembiule	Forkle
Guanti	Hansker
Jeans	Jeans
Maglione	Genser
Moda	Mote
Pantaloni	Bukse
Pigiama	Pyjamas
Sandali	Sandaler
Scarpa	Sko
Sciarpa	Skjerf

Congratulazioni

Ce l'hai fatta!

Speriamo che questo libro vi sia piaciuto tanto quanto a noi è piaciuto concepirlo. Ci sforziamo di creare libri della più alta qualità possibile.
Questa edizione è progettata per fornire un apprendimento intelligente, di qualità e divertente!

Le è piaciuto questo libro?

Una Semplice Richiesta

Questi libri esistono grazie alle recensioni che pubblicate.

Puoi aiutarci lasciando una recensione
ora a questo link ?

BestBooksActivity.com/Recensioni50

SFIDA FINALE!

Sfida n°1

Sei pronto per il tuo gioco gratuito? Li usiamo sempre, ma non sono così facili da trovare - ecco i **Sinonimi!**
Scrivi 5 parole che hai trovato nei puzzle (n° 21, n° 36, n° 76) e prova a trovare 2 sinonimi per ogni parola.

Scrivi 5 parole del **Puzzle 21**

Parole	Sinonimo 1	Sinonimo 2

Scrivi 5 parole del **Puzzle 36**

Parole	Sinonimo 1	Sinonimo 2

Scrivi 5 parole del **Puzzle 76**

Parole	Sinonimo 1	Sinonimo 2

Sfida n°2

Ora che ti sei riscaldato, scrivi 5 parole che hai trovato nei puzzle n° 9, n° 17 e n° 25 e cerca di trovare 2 contrari per ogni parola. Quanti ne puoi trovare in 20 minuti?

Scrivi 5 parole del **Puzzle 9**

Parole	Antonimo 1	Antonimo 2

Scrivi 5 parole del **Puzzle 17**

Parole	Antonimo 1	Antonimo 2

Scrivi 5 parole del **Puzzle 25**

Parole	Antonimo 1	Antonimo 2

Sfida n°3

Grande! Questa sfida non è niente per te!

Pronto per la sfida finale? Scegli 10 parole che hai scoperto nei diversi puzzle e scrivile qui sotto.

1.	6.
2.	7.
3.	8.
4.	9.
5.	10.

Ora scrivi un testo pensando a una persona, un animale o un luogo che ti piace.

Puoi usare l'ultima pagina di questo libro come bozza.

La tua composizione:

TACCUINO:

A PRESTO!

Tutta la Squadra

SCOPRIRE GIOCHI GRATIS

GO

BESTACTIVITYBOOKS.COM/FREEGAMES